Lexique de la Banque

et des marchés financiers

Français – Espagnol

Esteban Bastida Sánchez - François Alvarez

Lexique de la Banque et des Marchés Financiers

Français - Espagnol

About this book

AVANT - PROPOS

Avec plus de 4.000 mots et définitions mises à jour, ce lexique couvre les domaines de la banque et des marchés financiers mais aussi les aspects économiques européens et internationaux.

Par conséquent, ce travail se veut un élément de clarification conceptuelle et la précision de la terminologie utilisée dans la pratique quotidienne chaque jour plus grande et plus nombreuse.

Dans de nombreuses phrases nous avons introduit des synonimes qui faciliteront une meilleure compréhension de la parole désirée.

Nous souhaitons que ce dictionnaire soit un puissant instrument de conseils techniques satisfaisant les besoins de tous ceux qui travaillent dans le domaine économique,bancaire et boursier.

PRÓLOGO

Con más de 4000 palabras y definiciones actualizadas, este glosario no solamente cubre las áreas de banca y los mercados financieros, sino también de Europa y la economía internacional.

Por lo tanto, este trabajo será un elemento de claridad conceptual y precisión de la terminología utilizada en la práctica diaria, cada día mayor.

En muchas frases hemos introducido sinónimos para facilitar una mejor comprensión de la palabra deseada.

Esperamos que este diccionario sea una herramienta poderosa para las necesidades de todos los que trabajan en el sector del comercio, la banca y el mercado de valores.

Abréviations - Abreviaturas

f.	substantif féminin	sustantivo femenino
f.pl.	substantif féminin pluriel	sustantivo femenino plural
m.	substantif masculin	sustantivo masculino
m.pl.	substantif masc.pluriel	sustantivo masculino plural
p.p.	participe passé	participio pasado
part.	participe	Participio
prep.	préposition	Preposición
pron.	pronom	Pronombre
v.intr.	verbe intransitif	verbo intransitivo
v.irreg.	verbe irrégulier	verbo irregular
v.pron.	verbe pronominal	verbo pronominal
v.tr.	verbe transitif	verbo transitivo
v.tr.irreg	verbe transitif irrégulier	verbo transitivo irregular

Lexique de la Banque et des Marchés Financiers

Français - Espagnol

absence

Français	Espagnol
absence *(f.)*	**ausencia** *(f.)*
~*de fonds*	*falta de fondos*
~ *d'efficacité*	*falta de eficacia*
absolu *(a.)*	**absoluto** *(a.)*
absorber *(v. tr.)*	**absorber** *(v. tr.)*
~ *les coûts*	*absorber costes*
~*les pertes*	*absorber pérdidas*
absurde *(a.)*	**disparatado** *(a.)*
abus *(m.)*	**abuso** *(m.)*
~*de confiance*	*abuso de confianza*
abuser *(v.tr.)*	**abusar** *(v. intr.)*
abusif *(a.)*	**abusivo** *(a.)*
accaparer *(v.tr.)*	**acaparar** *(v. tr.)*
accéder *(v.intr.)*	**acceder** *(v. int.)*
accélération *(f.)*	**aceleración** *(f.)*
accéléré *(a.)*	**acelerado** *(a.)*
acceptabilité *(f.)*	**aceptabilidad** *(f.)*
acceptable *(a.)*	**aceptable** *(a.)*
acceptant *(m.)*	**aceptante** *(m.y f.)*
acceptation *(f.)*	*aceptación (f.)* *acepto (m.)*
~ *à la banque*	*aceptación en banco*
~ *bancaire*	*aceptación bancaria*
~ *commerciale*	*aceptación comercial*
~ *conditionnelle*	*aceptación condicional*
~ *de dépôt*	*aceptación de depósito*
~ *d'une lettre de change*	*aceptación de una letra*
~ *expresse et pleine*	~*expresa y absoluta*
~ *fausse*	*aceptación falsa*

~ générale	aceptación general
~ inconditionnelle	aceptación incondicional
~ limitée	aceptación limitada
~ partielle	aceptación parcial
~ postérieure	aceptación posterior
acceptée *(a.)*	**aceptada** *(a.)*
accepter *(v. tr.)*	**aceptar** *(v. tr.)*
~avec réserve	aceptar a reserva
~ un mandat.	aceptar un poder
~ une lettre de change	aceptar una letra
accessible *(a.)*	**accesible** *(a.)*
accessoire *(a.)*	**accesorio** *(a.)*
accommodement (m.)	arreglo *(m.)* acomodación *(f.)* acomodo *(m.)*
accommoder *(v. tr.)*	**acomodar** *(v. tr.)*
accompagner *(v. tr.)*	**acompañar** *(v. tr.)*
accompli *(a.)*	**cumplido** *(a.)*
accomplir *(v. tr.)*	**cumplir** *(v. tr.)*
accomplissement *(m.)*	**cumplimiento** *(m.)*
accord *(m.)*	acuerdo *(m.)* avenencia *(f.)* convenio *(m.)*
~ à la majorité	acuerdo por mayoría
accord bilatéral	acuerdo bilateral convenio bilateral
~ de change	ajuste cambiario
~ de prime	ajuste de primas
~ de revenu	ajuste de renta
~ d'inventaire	ajuste de inventario
~ écrit	acuerdo por escrito
~ extrajudiciaire	acuerdo extrajudicial
accord financier	ajuste financiero convenio financiero
~ monétaire	acuerdo monetario

~ par acclamation	acuerdo por aclamación
~ par votation	acuerdo por votación
accordé (a.)	**concedido** (a.)
accorder un crédit	**conceder un crédito**
~ une pétition	acceder a una petición
accréditer (v. tr.)	**acreditar** (v. tr.)
accréditif (a.)	**acreditativo** (a.)
accroissement (m.)	**aumento** (m.)
accumulation (f.)	**acumulación** (f.)
accumuler (v. tr.)	**acumular** (v. tr.)
accusé de réception	**acuse de recibo**
achat (m.)	**compra** (f.)
~ à terme	compra a plazos
~ au comptant	compra al contado
~ avantageux	compra ventajosa
~ de devises	compra de divisas
acheté à crédit	**fiado** (p. p.)
acheter (v. tr.)	**comprar** (v. tr.)
~ à crédit	comprar a crédito
~ à terme	comprar a plazos
~ à un prix élevé	comprar caro
~ au comptant	comprar al contado
~ bon marché	comprar barato
~ de nouveau	recompra (f.)
~ ferme	comprar en firme
acheteur (m.)	**comprador** (m.)
~ à terme	comprador a plazo
~ étranger	comprador extranjero
~ national	comprador nacional
acompte	**a cuenta**
acquéreur (s.)	**adquirente** (s.)
acquérir (v. tr.)	**adquirir** (v.tr.)
~des droits	adquirir derechos

acquiescement *(m.)*	**aquiescencia** *(f.)*
acquiescer *(v. intr.)*	**asentir** *(v. tr)*
~ *à une requête*	*acceder a lo solicitado*
acquis *(a.)*	**adquirido** *(a.)*
acquisitif *(a.)*	**adquisitivo** *(a.)*
acquisition *(f.)*	**adquisición** *(f.)*
~ *de bonne foi*	*adquisición de buena fe*
acquitter *(v. tr.)*	**solventar** *(v. tr.)*
acte *(f.et m.)*	acta *(f.)* escritura *(f.)* acto *(m.)*
~ *authentique*	*escritura pública*
~ *d´intimation*	*acta de requerimiento*
acte d'achat	*escritura de compra* *escritura de compraventa*
acte de cession	*acta de cesión* *escritura de cesión*
~ *de commerce*	*acta de comercio*
~ *de constitution*	*escritura de constitución*
~ *de notification*	*cédula de notificación*
~ *de propriété*	*escritura de propiedad*
~ *de protêt*	*acta de protesto*
~ *de signification*	*acta de notificación*
acte de vente	*acta de venta* *escritura de venta*
~ *d'hypothèque*	*escritura de hipoteca*
~ *fiduciaire*	*acta fiduciaria*
~ *juridique*	*acto jurídico*
~ *juridique documenté*	*acto jurídico documentado*
~ *littérale*	*acta literal*
~ *rédigé par un notaire*	*acta notarial*
actif *(m.)*	**activo** *(m.)*
~*d'exploitation*	*activo de explotación*
~*acceptable*	*activo aceptable*

~amortissable	activo amortizable
~bloqué	activo congelado
~brut	activo bruto
~calculable	activo computable
~circulant	activo circulante
~consommable	activo consumible
~courant	activo de caja
~de capital	activo de capital
~de la faillite	activo de la quiebra
~différé	activo diferido
~disponible	activo disponible
~effectif	activo en efectivo
~exigible	activo exigible
~fictif	activo ficticio
~fixe	activo fijo
~grevé	activo gravado
~hypothécaire	activo hipotecario
~immatériel	activo intangible
~immobilisé	activo inmovilizado
~improductif	activo improductivo
~liquide	activo líquido
~net	activo neto
~non accumulé	activo no acumulado
~non calculable	activo no computable
~non confirmé	activo no confirmado
~non réalisable	activo neto realizable
~occulte	activo oculto
~patrimonial net	activo neto relicto
~périssable	activo perecedero
~réalisable	activo realizable
~refusé	activo no aceptado
~tangible	activo tangible
~transitoire	activo transitorio

actifs financiers	**activos financieros**
action *(f.)*	acción *(f.)* actuación *(f.)*
~*ancienne*	*acción antigua*
~*au pair*	*acción a la par*
~*au porteur*	*acción al portador*
~*convertible*	*acción convertible*
~*cotée*	*acción cotizable*
~*de fondateur*	*acción de fundador*
~ *donnant droit à voter*	*acción con derecho a voto*
~*en portefeuille*	*acción en cartera*
~*endossable*	*acción endosable*
~*estampillée*	*acción estampillada*
~*gratuite*	*acción gratuita*
~*hypothécaire*	*acción hipotecaria*
~*libérée*	*acción liberada*
~*nominative*	*acción nominativa*
~*ordinaire*	*acción ordinaria*
~*première*	*acción primada*
action privilégiée	*acción preferente* *acción privilegiada*
~ *sans droit à voter*	*acción sin derecho a voto*
actionnaire *(m.)*	**accionista** *(m.)*
~*minoritaire*	*accionista minoritario*
actionnariat *(m.)*	**accionariado** *(m.)*
actionner *(v. tr.)*	**accionar** *(v. tr.e intr.)*
actions *(f.pl.)*	**acciones** *(f.pl.)*
actions amortissables	**acciones amortizables**
~*bancaires*	*acciones bancarias*
~*électriques*	*acciones eléctricas*
~*émises*	*acciones emitidas*
~*en circulation*	*acciones en circulación*
~*en pétrole*	*acciones de petróleos*
~*facultatives*	*acciones con prima*

~industrielles	acciones industriales
~libérées	acciones liberadas
~non émises	acciones no emitidas
~ordinaires	acciones ordinarias
activité *(f.)*	**actividad** *(f.)*
~commerciale	actividad comercial
~économique	actividad económica
~financière	actividad financiera
~investisseuse	actividad inversora
actualiser *(v. tr.)*	**actualizar** *(v. tr.)*
actuel *(a.)*	**actual** *(a.)*
adaptation *(f.)*	**adaptación** *(f.)*
adapter *(v. tr.)*	adaptar *(v. tr.)* adecuar *(v. tr.)*
addition *(f.)*	adición *(f.)* añadidura *(f.)*
additionnel *(a.)*	**adicional** *(a.)*
additionner *(v. tr.)*	**sumar** *(v. tr.)*
adjoindre *(v.tr.)*	**adjuntar** *(v. tr.)*
adjoint *(a.)*	**adjunto** *(a.)*
adjudicataire *(m.)*	**adjudicatario** *(m.)*
adjudication *(f.)*	**adjudicación** *(f.)*
~ d´actions	adjudicación de acciones
adjuger *(v. tr.)*	**adjudicar** *(v. tr.)*
adjugeur *(m.)*	**subastador** *(m.)*
admettre *(v. tr.)*	**admitir** *(v. tr.)*
~une dette	admitir una deuda
~une signature	admitir una firma
administrateur *(m.)*	**administrador** *(m.)*
~unique	administrador único
administratif *(a.)*	**administrativo** *(a.)*
administration *(f.)*	**administración** *(f.)*
~ d'une société	~ de una sociedad

~légale	administración legal
~publique	administración pública
administré (a.)	**administrado** (a.)
administrer (v. tr.)	**administrar** (v. tr.)
admis (a.)	**admitido** (p. p.)
admissible (a.)	**admisible** (a.)
admission (f.)	**admisión** (f.)
~à la côte	~a cotización oficial
adopter (v. tr.)	**adoptar** (v. tr.)
~un accord	adoptar un acuerdo
adresse (f.)	dirección (f.) señas (f. pl.)
adversaire (m.)	**adversario** (m.)
affaire (f.)	asunto (m.) negocio (m.)
affecter (v. tr.)	**afectar** (v. tr.)
~de comptes	afectar cuentas
~de fonds	afectar fondos
affirmer (v. tr.)	**afirmar** (v. tr.)
affluence (f.)	**afluencia** (f.)
~de devises	afluencia de divisas
affronter (v. tr.)	afrontar (v. tr.) enfrentarse (v. pr.)
âge (m.)	**edad** (f.)
agence (f.)	**agencia** (f.)
agenda (m.)	**agenda** (f.)
agent (a. et s.)	agente (m. y a.) corredor (a. y m.)
~commercial	corredor de comercio
~d'assurances	agente de seguros
~d'assurances	corredor de seguros
agent de change	agente de cambio y bolsa corredor de bolsa corredor de cambio

~de commerce	agente de comercio
agents de maîtrise	mandos intermedios
aggravant (a. et s.)	agravante (f. y a.)
aggravation (f.)	agravación (f.)
aggraver (v. tr.)	agravar (v. tr.) empeorar (v. tr.)
agir (v.intr.)	actuar (v. intr.) obrar (v. tr.)
~comme	actuar como
~d'intermédiaire	actuar de intermediario
agir en qualité de	actuar en calidad de obrar en calidad de
~ en représentation	~en representación de
agrandi (a.)	ampliado (a.)
agrandir (v.tr.)	ampliar (v. tr.)
agrandissement (m.)	ampliación (f.)
agrément (m.)	beneplácito (m.)
agresser (v. tr.)	atracar (v. tr.)
agresseur (m.)	agresor (m.)
agressif (a.)	agresivo (a.)
agression (f.)	atraco (m.)
~à main armée	agresión a mano armada
aide (f.)	ayuda (f.)
aider (v. tr.)	ayudar (v. tr.)
aimable (a.)	amable (a.)
ajourné (a.)	aplazado (p. p.)
ajournement (m.)	aplazamiento (m.)
ajourner (v. tr.)	aplazar (v. tr.) postergar (v. tr.)
ajouté (a.)	añadido (a.)
ajouter (v. tr.)	agregar (v. tr.) añadir (v. tr.)
ajusté (a.)	ajustado (p. p.)

ajuster *(v. tr.)*	**ajustar** *(v. tr.)*
~un compte	cuadrar una cuenta
alarme *(f.)*	**alarma** *(f.)*
alerter *(v. tr.)*	**alertar** *(v. intr.)*
aliénable *(a.)*	**enajenable** *(a.)*
aliénateur *(m.)*	**enajenador** *(m.)*
aliénation *(f.)*	**enajenación** *(f.)*
aliéner *(v. tr.)*	**enajenar** *(v.tr.)*
allégations *(f. pl.)*	**alegaciones** *(f. pl.)*
allégement *(m.)*	**alivio** *(m.)*
alléguer *(v. tr.)*	**alegar** *(v. tr.)*
alternative *(f.)*	alternativa *(f.)* disyuntiva *(f.)*
ambigu *(a.)*	**ambiguo** *(a.)*
ambiguïté *(f.)*	**ambigüedad** *(f.)*
amélioration *(f.)*	mejora *(f.)* mejoramiento *(m.)* mejoría *(f.)*
améliorer *(v. tr.)*	**mejorar** *(v. tr.e intr.)*
amende *(f.)*	**multa** *(f.)*
amendement *(m.)*	**enmienda** *(f.)*
amiable *(a.)*	**amigable** *(a.)*
amical *(a.)*	**amistoso** *(a.)*
amortir *(v. tr.)*	**amortizar** *(v. tr.)*
amortissable *(a.)*	**amortizable** *(a.)*
amortissement *(m.)*	**amortización** *(f.)*
~ d'une dette	amortización de deuda
~ accéléré	amortización acelerada
~ compensatoire	amortización compensatoria
~ de titres	amortización de títulos
~ direct	amortización directa
~ d'obligations	amortización de obligaciones
~ d'un emprunt	~ de un préstamo
~ financier	amortización financiera

~ fixe	amortización fija
~ indirect	amortización indirecta
~ libre	amortización libre
ample *(a.)*	**amplio** *(a.)*
ampleur *(f.)*	**amplitud** *(f.)*
analyse *(f.)*	**análisis** *(m.)*
~de bilan	análisis de balance
~ de la concurrence	análisis de la competencia
~de la valeur	análisis del valor
~des comptes	análisis de cuentas
~des coûts	análisis de costes
~des échéances	análisis de vencimientos
~d'inventaire	análisis de inventarios
~d'investissement	análisis de inversiones
~économique	análisis económico
~financière	análisis financiero
analyser *(v. tr.)*	**analizar** *(v. tr.)*
analyste *(m.et f.)*	**analista** *(m. y f.)*
animation *(f.)*	**animación** *(f.)*
animé *(a.)*	**animado** *(a.)*
année *(f.)*	**año** *(m.)*
~calendaire	año natural
~civile	año civil
~de référence	año de referencia
annexe *(m.)*	**anexo** *(m.)*
annexer *(v. tr.)*	**anexar** *(v. tr.)*
annexion *(f.)*	**anexión** *(f.)*
annonce *(m.)*	**anuncio** *(m.)*
annoncer *(v. tr.)*	anunciar *(v. tr.)* avisar *(v. tr.)*
annotation *(f.)*	anotación *(f.)* apunte *(m.)*
~sur l'avoir	anotación en el haber
~sur le doit	anotación en el debe

annotations *(f. pl.)*	**anotaciones** *(f. pl.)*
annoter sur la facture	**anotar en la factura**
~sur le journal	*anotar en el diario*
~un poste du bilan	*anotar un asiento*
annuaire *(m.)*	**anuario** *(m.)*
annuel *(a.)*	**anual** *(a.)*
annuité *(f.)*	**anualidad** *(f.)*
~ d'amortissement	*~de amortización*
~ de capitalisation	*~de capitalización*
annulabilité *(f.)*	**anulabilidad** *(f.)*
annulable *(a.)*	**anulable** *(a.)* **cancelable** *(a.)*
annulation *(f.)*	**anulación** *(f.)* **cancelación** *(f.)*
~ d'un contrat	*~de un contrato*
~ de dette	*cancelación de deuda*
~ d'un poste du bilan	*anulación de un asiento*
annulé *(a.)*	**anulado** *(p. p.)*
annuler *(v. tr.)*	**cancelar** *(v. tr.)* **anular** *(v. tr.)*
~un contrat	*anular un contrato*
annuler un crédit	*anular un crédito* *cancelar un crédito*
~ un poste du bilan	*anular una partida contable*
anormal *(a)*	**anormal** *(a.)*
antérieur *(a.)*	**anterior** *(a.)*
anticipation *(f.)*	**antelación** *(f.)* **anticipación** *(f.)*
anticipé *(a.)*	**anticipado** *(p. p.)*
anticiper *(v. tr.et intr.)*	**anticipar** *(v. tr.)*
antidate *(f.)*	**antedata** *(f.)*
antidater *(v. tr.)*	**antedatar** *(v. tr.)*
antiéconomique *(a.)*	**antieconómico** *(a.)*

anti-inflationniste (a.)	anti inflacionista (a.)
antimonopole (a.)	antimonopolio (a.)
antiquité (f.)	antigüedad (f.)
aplanir (v. tr.)	allanar (v. tr.e intr.)
apparent (a.)	aparente (a.)
appartenance (f.)	pertenencia (f.)
appartenant (a.)	perteneciente (p. a.)
appartenir (v. intr.)	pertenecer (v. intr.)
appauvrir (v. tr.)	empobrecer (v. tr.)
appauvrissement (m.)	depauperación (f.)
appeler (v. tr.)	llamar (v. tr.) recurrir (v. intr.)
appendice (m.)	apéndice (m.)
applicabilité (f.)	aplicabilidad (f.)
applicable (a.)	aplicable (a.)
application (f.)	aplicación (f.)
appliquer (v. tr.)	aplicar (v. tr.)
apport (m.)	aportación (f.)
~en capital	aportación de capital
apporter (v. intr.)	traer (v. tr.)
apposer sa signature	poner su firma
appréciable (a.)	apreciable (a.)
appréciation (f.)	aprecio (m.)
apprécier (v. tr.)	apreciar (v. tr.)
approbation (f.)	aprobación (f.)
approfondir (v. tr.)	profundizar (v. tr.)
appropriation (f.)	apropiación (f.)
~indue	apropiación indebida
approprié (a.)	apropiado (a.)
approprier (v. tr.)	apropiar (v. tr.)
approuvé (a.)	aprobado (a.)
approuver (v. tr.)	aprobar (v. tr.)
approximatif (a.)	aproximativo (a.)

approximation *(f.)*	**aproximación** *(f.)*
approximativement	**aproximadamente** *(adv.)*
appui *(m.)*	**apoyo** *(m.)*
appuyer *(v. tr.)*	apoyar *(v. tr.)* respaldar *(v. tr.)*
après *(adv.)*	**después** *(adv.)*
arbitrage *(m.)*	**arbitraje** *(m.)*
~de change	arbitraje de cambio
~de devises	arbitraje de divisas
~de titres	arbitraje de valores
arbitraire *(a.)*	**arbitrario** *(a.)*
arbitral *(a.)*	**arbitral** *(a.)*
archive *(m.)*	**archivo** *(m.)*
argent *(m.)*	**dinero** *(m.)*
~à court terme	dinero a corto plazo
~à long terme	dinero a largo plazo
~à terme	dinero a plazo fijo
~à vue	dinero a la vista
~bancaire	dinero bancario
~convertible	dinero convertible
~disponible	dinero disponible
~en circulation	dinero en circulación
~en compte	dinero en cuenta
~en dépôt	dinero en depósito
~étranger	dinero extranjero
arguer *(v. tr.)*	**argüir** *(v. tr.)*
argument *(m.)*	**argumento** *(m.)*
argumentation *(f.)*	**argumentación** *(f.)*
arme *(f.)*	**arma** *(f.)*
~à feu	arma de fuego
~blanche	arma blanca
~contondante	arma contundente
~dangereuse	arma peligrosa

arrangement *(m.)*	**arreglo** *(m.)*
arranger *(v. tr.)*	**arreglar** *(v. tr.)* **componer** *(v. tr.)*
arrêter *(v. tr.et intr.)*	**detener** *(v. tr.)* **parar** *(v. intr.)*
~*les comptes*	*liquidar cuentas*
arrhes *(f.pl.)*	**arras** *(f. pl.)*
arriéré *(a.)*	**atrasado** *(p. p.)*
arriérés *(m. pl.)*	**atrasos** *(m. pl.)*
arriver *(v. intr.)*	**acudir** *(v. intr.reg.)* **llegar** *(v. tr.)* **ocurrir** *(v. intr.)*
arrondi *(m.)*	**redondeo** *(m.)*
arrondir *(v. tr.)*	**redondear** *(v. tr.)*
article *(m.)*	**artículo** *(m.)*
articuler *(v. tr.)*	**articular** *(v. tr.)*
artificiel *(a.)*	**artificial** *(a.)*
ascendant *(a. et m.)*	**ascendente** *(a.)*
assaillir *(v. tr.)*	**asaltar** *(v. tr.)*
assainir *(v. tr.)*	**sanear** *(v. tr.)*
assainissement *(m.)*	**saneamiento** *(m.)*
assaut *(m.)*	**asalto** *(m.)*
assemblée *(f.)*	**asamblea** *(f.)* **junta** *(f.)*
~ *d'actionnaires*	*junta de accionistas*
~ *de créditeurs*	*junta de acreedores*
~ *extraordinaire*	*junta extraordinaria*
~ *ordinaire*	*junta ordinaria*
~ *syndicale de bourse*	*junta sindical de bolsa*
~ *universelle*	*junta universal*
assentiment *(m.)*	**anuencia** *(f.)*
assessorat *(m.)*	**asesoría** *(f.)*
assignable *(a.)*	**asignable** *(a.)*
assignation *(f.)*	**asignación** *(f.)*
assigner *(v. tr.)*	**asignar** *(v. tr.)*

assister *(v.intr.)*	**asistir** *(v. tr.e intr.)*
associé *(m.)*	asociado *(m.)* socio *(m.)*
~capitaliste	socio capitalista
~collectif	socio colectivo
~commanditaire	socio comanditario
~honoraire	socio honorario
~industriel	socio industrial
~participant	socio participante
associer *(v. tr.)*	**asociar** *(v. tr.)*
assujettissement *(m.)*	**sujeción** *(f.)*
assumé *(a.)*	**asumido** *(p. p.)*
assumer *(v. tr.)*	**asumir** *(v. tr.)*
~la responsabilité	asumir la responsabilidad
assurance *(f.)*	**seguro** *(a. y m.)*
~de change	seguro de cambio
~de crédit	seguro de crédito
assuré *(a.)*	**asegurado** *(a.)*
assurer *(v. tr.)*	**asegurar** *(v. tr.)*
assureur *(m.)*	**asegurador** *(m.)*
atone *(a.)*	**átono** *(a.)*
atonie *(f.)*	**atonía** *(f.)*
attaque *(m.)*	**ataque** *(m.)*
~à main armée	asalto a mano armada
atteignable *(a.)*	**alcanzable** *(a.)*
atteindre *(v. tr.)*	**alcanzar** *(v. tr.e intr.)*
atteinte *(f.)*	**desafuero** *(m.)*
attendre *(v. intr.et tr.)*	**esperar** *(v. tr.)*
attendu *(a.)*	**esperado** *(a.y p. p.)*
attente *(f.)*	**espera** *(f.)*
attention *(f.)*	**atención** *(f.)*
atténuer *(v. tr.)*	**atenuar** *(v. tr.)*
attester *(v. tr.)*	**testificar** *(v. tr. e intr.)*

attirer *(v. tr.)*	**atraer** *(v. tr.irreg.)*
~des clients	atraer clientes
attitude *(f.)*	**actitud** *(f.)*
attrait *(m.)*	**aliciente** *(m.)*
attribuable *(a.)*	**atribuible** *(a.)*
attribué *(a.)*	**atribuido** *(p. p.)*
attribuer *(v. tr.)*	**atribuir** *(v. tr.)*
attribution *(f.)*	**atribución** *(f.)*
au comptant	**al contado**
au pair	**a la par**
au prix du jour	**al precio del día**
aucun *(pron.)*	**ninguno** *(pron.)*
audit *(m.)*	**auditoría** *(f.)*
auditeur *(m.)*	interventor de cuentas auditor *(m.)*
augmentation *(f.)*	**incremento** *(m.)*
augmentation de capital	ampliación de capital aumento de capital incremento de capital
augmentation de prix	aumento de precio elevación del precio
augmentation du risque	aumento del riesgo
augmenter (v.intr.et tr.)	aumentar *(v. tr.e intr.)* incrementar *(v. tr.)* subir *(v. intr.)*
augmenter la cotisation	elevar las cotizaciones subir la cotización
~ le taux d'intérêt	aumentar el tipo de interés
~ lentement	subir lentamente
authenticité *(f.)*	**autenticidad** *(f.)*
authentification *(f.)*	**autenticación** *(f.)*
authentifier *(v. tr.)*	**autentificar** *(v. tr.)*
authentique *(a.)*	**auténtico** *(a.)*
authentiquer *(v. tr.)*	**autenticar** *(v. tr.)*
autonomie *(f.)*	**autonomía** *(f.)*

autorisable *(a.)*	**permisible** *(a.)*
autorisation *(f.)*	**autorización** *(f.)*
autorisé *(a.)*	**autorizado** *(p.p.)*
autoriser *(v.tr.)*	autorizar *(v. tr.)* facultar *(v. tr.)*
aux termes de la valeur	**según el valor**
aux termes de l'accord	**según lo convenido**
aux termes de quantité	**según cantidad**
aux termes du contrat	**según contrato**
aval *(m.)*	**aval** *(m.)*
avalisé *(a.)*	**avalado** *(p. p.)*
avaliser *(v. tr.)*	**avalar** *(v. tr.)*
avaliste *(m. et f.)*	**avalista** *(m. y f.)*
avance *(f.)*	adelanto *(m.)* anticipo *(m.)*
avance d'argent	*adelanto de dinero* *anticipo de dinero*
~en compte	*adelanto en cuenta*
~ sur les exportations	*~sobre exportaciones*
avancement *(m.)*	**ascenso** *(m.)*
avancer *(v. tr.et intr.)*	**adelantar** *(v. tr.)*
avant terme	**antes del plazo**
avantage *(f.)*	**ventaja** *(f.)*
avantageux *(a.)*	beneficioso *(a.)* ventajoso *(a.)*
avertissement *(m.)*	**advertencia** *(f.)*
avis *(m.)*	**aviso** *(m.)*
~d'encaissement	*aviso de cobro*
avis de crédit	*abonaré *(m.)* *aviso de abono* *aviso de crédito*
avocat *(m.)*	**abogado** *(m.)*
avocat conseil	*abogado consultor*
avoir *(m.)*	**haber** *(m.)*

avoir confiance	confiar (v. intr.y tr.)
avoir de l'influence	tener influencia
avoir l'obligation de	tener obligación de
avoir le droit de	tener derecho
avoir un effet..	tener efecto
avoir un entretien avec	entrevistarse

baisser

Français	Espagnol
baisser *(v. tr.et intr.)*	**bajar** *(v. intr.y tr.)*
~le taux d'intérêt	bajar el tipo de interés
~les coûts	bajar los costes
baissier *(m.)*	**bajista** *(m.)*
bancaire *(a.)*	**bancario** *(a.)*
bande d'oscillation	**banda de fluctuación**
banque *(f.)*	banca *(f.)* banco *(m.)*
~acceptante	banco aceptante
~agent	banco agente
~ avec des succursales	banca con sucursales
banque centrale	banca central banco central
~codirectrice	banco codirector
~commerciale	banco comercial
~confirmative	banco confirmador
~correspondante	banco corresponsal
~d'assurances	banco asegurador
~de commerce	banco de comercio
~de crédit	banco de crédito
~de dépôts	banco de depósito
~déléguée	banca delegada
~d'émission	banco emisor
~d'Espagne	banco de España
~directrice	banco director
~étrangère	banco extranjero
~industrielle	banco industrial
~mondiale	banco mundial
banque nationale	banco del Estado banco nacional

~notificatrice	banco avisador
banque officielle	banca oficial banco oficial
~participante	banco participante
~privée	banca privada
~tireuse	banco librador
banqueroute *(f.)*	bancarrota *(f.)*
banquier *(m.)*	banquero *(m.)*
barré *(a.)*	cruzado *(a.)*
barreau, profession d'avocat	abogacía *(f.)*
baser *(v. tr.)*	basar *(v. tr.)*
basique *(a.)*	básico *(a.)*
battre *(v. intr.et tr.)*	derrotar *(v. tr.)*
battre monnaie	acuñar moneda
beaucoup *(a.)*	mucho *(a.)*
bénéfice *(m.)*	beneficio *(m.)*
~à court terme	beneficio a corto plazo
~brut	beneficio bruto
~comptable	beneficio contable
~de l'entreprise	beneficio de la empresa
~des registres	beneficio en libros
~d'exploitation	beneficio de explotación
~d'inventaire	beneficio de inventario
~exonéré d'impôt	beneficio libre de impuestos
~extraordinaire	beneficio extraordinario
bénéfice net	beneficio neto ganancia líquida
~patronal	beneficio empresarial
~social	beneficio social
bénéfices économiques	beneficios económicos
~nets	beneficios netos
~non distribués	beneficios no distribuidos
~retenus	beneficios retenidos

bénéficiaire *(m. et a.)*	**beneficiario** *(a. y m.)*
~d'un chèque	beneficiario de un cheque
~d'un virement	~ de una transferencia
bénéficier *(v. tr.)*	**beneficiar** *(v. tr.)*
bien *(m.)*	**bien** *(m.)*
~de consommation	bien de consumo
~de première nécessité	bien de primera necesidad
~de production	bien de producción
bien-être *(m.)*	**bienestar** *(m.)*
biens *(m. pl.)*	**bienes** *(m. pl.)*
biens - fonds	bienes raíces
~économiques	bienes económicos
~immeubles	bienes inmuebles
~industriels	bienes industriales
bienveillance *(f.)*	**benevolencia** *(f.)*
bienveillant *(a.)*	**benévolo** *(a.)*
biffage *(m.)*	**tachadura** *(f.)*
bilan *(m.)*	**balance** *(m.)*
~annuel	balance anual
~commercial	balance comercial
~consolidé	balance consolidado
~de compensation	balance de compensación
~de liquidation	balance de liquidación
~de situation	balance de situación
~ de situation consolidé	~ de situación consolidado
	balance de comprobación
bilan de vérification	balance de saldos
	balance de sumas
~des résultats	balance de resultados
~des titres	balance de títulos
~d'inventaire	balance de inventario
~d'ouverture	balance de apertura
~estimé	balance estimado
~falsifié	balance falseado

~général	balance general
~provisoire	balance provisional
billet (m.)	**billete** (m.)
~à l'ordre	pagaré (m.)
~à vue	pagaré a la vista
~de banque	billete de banco
~de banque nationale	billete de banco nacional
~étranger	billete extranjero
bimensuel (a.)	**quincenal** (a.)
bisannuel (a.)	**bianual** (a.)
blâmable (a.)	**tachable** (a.)
blanc-seing	**firma en blanco**
blocage (m.)	**bloqueo** (m.)
~économique	bloqueo económico
bloquer (v. tr.)	**bloquear** (v. tr.)
bloquer un chèque	bloquear un cheque
boîte de nuit	**caja nocturna**
bon (a. et m.)	bono (m.) bueno (a.)
~à perpétuité	bono a perpetuidad
~au porteur	bono al portador
~courant	bono corriente
~de caisse	bono de caja
~de Trésorerie	bono de Tesorería
~d'épargne	bono de ahorro
~du Trésor	bono del Tesoro
~en dollar	bono en dólares
~hypothécaire	bono hipotecario
~marché	barato
~nominatif	bono nominativo
~ordinaire	bono ordinario
~perpétuel	bono perpetuo
~publique	bono público

~renouvelé	bono renovado
bon sens	**sensatez** *(f.)*
bon sous garantie	bono con garantía bono garantizado
bonds convertibles	**bonos convertibles**
~extérieurs	bonos extranjeros
bonification *(f.)*	**bonificación** *(f.)*
bonifier *(v. tr.)*	**bonificar** *(v. tr.)*
bonne *(a.)*	**buena** *(a.)*
bons *(m. pl.)*	**bonos** *(m.pl.)*
~annulés	bonos cancelados
~de réduction	bonos de descuento
~en circulation	bonos en circulación
~non négociables	bonos no negociables
bons or	bonos oro
~ordures	bonos basura
boom *(m.)*	**boom** *(m.)*
~d'investissements	boom de inversiones
bourse *(f.)*	**bolsa** *(f.)*
~de marchandises	lonja *(f.)*
~de New York	bolsa de Nueva York
~de valeurs	bolsa de valores
~d'embauche	bolsa de contratación
~des céréales	bolsa de cereales
boursier *(m.)*	bolsista *(m.)* bursátil *(a.)*
boycott *(m.)*	**boicot** *(m.)*
boycotter *(v. tr.)*	**boicotear** *(v. tr.)*
brochure *(f.)*	folleto *(m.)* prospecto *(m.)*
~de propagande	folleto de propaganda
broker *(m.)*	**broker** *(m.)*
brouillon *(m.)*	libro borrador *(m.)* borrador *(m.)*

budget *(m.)*	**presupuesto** *(m.)*
~de caisse	presupuesto de caja
~de capital	presupuesto de capital
~de trésorerie	presupuesto de tesorería
~financier	presupuesto financiero
budgétaire *(a.)*	**presupuestario** *(a.)*
bulletin *(m.)*	**boletín** *(m.)*
~boursier	boletín de bolsa
~de changes	boletín de cambios
~de cours	boletín de cotizaciones
bureau *(m.)*	**oficina** *(f.)*
~bancaire	oficina bancaria
bureau de change	agencia de cambio
	oficina de cambio

Français	Espagnol
caisse	**caja**
~de compensation	caja de compensación
~d'épargne	caja de ahorros
caisse et banques	caja y bancos
caissier (m.)	**cajero** (m.)
calcul (m.)	**cálculo** (m.)
~de coûts	cálculo de costes
~de probabilités	cálculo de probabilidades
~d'erreurs	cálculo de errores
calculateur (a.)	**calculador** (a.)
calculatrice (f.)	**calculadora** (f.)
calculer (v. tr.et intr.)	**calcular** (v. tr.)
calendrier (m.)	**calendario** (m.)
cambiste (m.et f.)	**cambista** (m. y f.)
campagne (f.)	**campaña** (f.)
~à la baisse	campaña bajista
~à la hausse	campaña alcista
canalisation (f.)	**canalización** (f.)
canaliser (v. tr.)	**canalizar** (v. tr.)
canon (m.)	**canon** (m.)
capable (a.)	capacitado (a.) capaz (a.)
capacité (f.)	**capacidad** (f.)
~financière	capacidad financiera
capital (m.)	**capital** (m.)
capital - risque	capital de riesgo
~à court terme	capital a corto plazo
~à long terme	capital a largo plazo
~à risque	capital en riesgo

~amorti	capital amortizado
~apporté	capital aportado
~autorisé	capital autorizado
~circulant	capital circulante
~circulant brut	capital circulante bruto
~circulant net	capital circulante neto
~ de fonctionnement	capital de funcionamiento
~de réserves	capital de reserva
~déclaré	capital declarado
~d'exploitation	capital de explotación
~d'investissement	capital de inversión
~disponible	capital disponible
~émis	capital emitido
~établi nominal	capital escriturado
~fixe	capital fijo
~fondationnel	capital fundacional
~humain	capital humano
~immobilisé	capital inmovilizado
~inactif	capital inactivo
~initial	capital inicial
~inscrit	capital inscrito
~intégré	capital integrado
~investi	capital invertido
capital libéré	capital desembolsado capital liberado
~liquide	capital líquido
~lucratif	capital lucrativo
~mobilier	capital mobiliario
~monnayé	capital dinerario
~mort	capital muerto
~net	capital neto
~nominal	capital nominal
capital oisif	capital improductivo capital ocioso

~passif	capital pasivo
~privé	capital privado
~productif	capital productivo
~propre	capital propio
~réinvesti	capital reinvertido
~social	capital social
~souscrit	capital suscrito
~statutaire	capital estatutario
capitalisation (f.)	**capitalización** (f.)
~ d´une rente	~de una renta
~ des intérêts	acumulación de intereses
capitalisé (a.)	**capitalizado** (a.)
capitaliser (v. tr.et intr.)	**capitalizar** (v. tr.)
capitalisme (m.)	**capitalismo** (m.)
capitaliste (m. et f.)	**capitalista** (m.y f.)
captation (f.)	**captación** (f.)
carence (f.)	**carencia** (f.)
carnet (m.)	**carné** (m.)
~de commandes	cartera de pedidos
carte (f.)	**tarjeta** (f.)
carte d´identité	carta de identidad cédula de identidad tarjeta de identidad
carte de crédit	tarjeta de crédito
carte d'embarquement	carta de embarque documento de embarque
cas (m.)	**caso** (m.)
casser (v. tr.et intr.)	**quebrantar** (v. tr.)
casuel (a.)	**casual** (a.)
catalogue (m.)	**catálogo** (m.)
catégorique (a.)	**categórico** (a.)
causalité (f.)	**casualidad** (f.)
cause (f.)	**causa** (f.)

causer (v.int.et tr.)	**causar** (v. tr.)
caution (f.)	caución (f.) fianza de caución
~solidaire	fiador solidario
cautionnement (m.)	**afianzamiento** (m.)
~personnel	fianza personal
~pignoratif	fianza pignoraticia
cautionner (v. tr.)	afianzar (v. tr.) caucionar (v. tr.) fiar (v. tr.)
cédant (a. et s.)	**cedente** (p. a. y s.)
cédé (a.)	**cedido** (p. p.)
céder (v. tr.et intr.)	ceder (v. tr. e int.) traspasar (v. tr.)
célébrer (v. tr.)	**celebrar** (v. tr.e intr.)
cercle (m.)	círculo (m.) corro parquet (m.)
cercles bancaires	**círculos bancarios**
~économiques	círculos económicos
certain (a.)	**cierto** (a.)
certificat (m.)	**certificado** (m.)
~d'assurance	certificado de seguro
~d'expédition	certificado de despacho
~d'origine	certificado de origen
~ de déchargement	certificado de descarga
~de dépôt	certificado de depósitos
~de douanes	certificado de aduana
~de poids	certificado de peso
~de vente	vendí (m.)
~du Trésor	cédula del Tesoro
certification (f.)	**certificación** (f.)
certifier (v.tr.)	dar fe certificar (v. tr.)
~une signature	legalizar una firma

certitude *(f.)*	**certidumbre** *(f.)*
cessation des paiements	**suspensión de pagos**
cesser *(v. intr.)*	**cesar** *(v. intr.)*
~les paiements	suspender pagos
cessible *(a.)*	**traspasable** *(a.)*
cession *(f.)*	**cesión** *(f.)*
~d'actions	cesión de acciones
~de biens	cesión de bienes
~de créances	cesión de créditos
~de dettes	cesión de deudas
~de droits	cesión de derechos
~du risque	cesión del riesgo
cessionnaire *(a. et m.)*	**cesionario** *(a. y m.)*
chambre *(f.)*	**cámara** *(f.)*
~de compensation	cámara de compensación
~forte	cámara acorazada
change *(m.)*	cambio *(m.)* valuta *(f.)*
~à taux fixe	cambio fijo
~au pair	cambio a la par
~d'achat	cambio de compra
~d'attitude	cambio de actitud
~de conjoncture	cambio de la coyuntura
~de liquidation	cambio de liquidación
~de monnaie	cambio de moneda
~de rachat	cambio de rescate
~de vente	cambio de venta
~du dollar	cambio del dólar
~du risque	cambio del riesgo
~flottant	cambio flotante
changement *(m.)*	**cambio** *(m.)*
~à vue	cambio a la vista
~de date	cambio de fecha

~de domicile	cambio de domicilio
~de position	cambio de postura
~de tendance	cambio de tendencia
changements radicaux	**cambios radicales**
changer (v. intr.et tr.)	**cambiar** (v. tr.)
~de l'argent	cambiar dinero
~d'orientation	cambiar de orientación
chantage (m.)	**chantaje** (m.)
charge (f.)	gravamen (m.) carga (f.)
~de financement	carga de financiación
charge fiscale	carga fiscal carga tributaria
charger (v. tr.et intr.)	**cargar** (v. tr.)
charges (f.pl.)	**cargas** (f. pl.)
~déductibles	cargas deducibles
~financières	cargas financieras
~fixes	cargas fijas
chef (m.)	**jefe** (m.)
~de bureau	jefe de oficina
~de comptabilité	jefe de contabilidad
~de crédits	jefe de créditos
~de département	jefe de departamento
~de la production	jefe de producción
~de publicité	jefe de publicidad
~de rayon	jefe de sección
~de succursale	jefe de sucursal
~du personnel	jefe de personal
chèque (m.)	cheque (m.) talón (m.)
~à l'ordre	cheque a la orden
~au porteur	cheque al portador
~ avec solde confirmé	~con saldo confirmado

~bancaire	cheque bancario
~barré	cheque cruzado
~confirmé	cheque confirmado
~conformé	talón conformado
~de guichet	talón de ventanilla
~de voyage	cheque de viaje
~échu	cheque caducado
~en blanc	cheque en blanco
~impayé	cheque impagado
~nominatif	cheque nominativo
~non provisionné	cheque en descubierto
~sans provision	cheque sin fondos
chéquier (m.)	talonario de cheques talonario (m.)
cher (a.)	**caro** (a.)
chercher (v. tr.et intr.)	**buscar** (v. tr.)
chevalier (m.)	**caballero** (m.)
chiffré (a.)	**cifrado** (a. y p. p.)
chiffre (m.)	**cifra** (f.)
chiffre d'affaires	cifra de negocios volumen de negocio
~télégraphique	clave telegráfica
chiffrer (v. intr.et tr.)	**cifrar** (v. tr.)
choisir (v. tr.)	**escoger** (v. tr.)
chute (f.)	**caída** (f.)
~de la demande	caída de la demanda
~de la livre	caída de la libra
chute des prix	baja de los precios caída de los precios
~d'une monnaie	caída de una moneda
circonstance (f.)	**circunstancia** (f.)
circulant (a.)	**circulante** (a.)
circulation (f.)	**circulación** (f.)

~d'argent	circulación de dinero
~d'effectif	circulación de efectivo
~économique	circulación económica
~fiduciaire	circulación fiduciaria
~monétaire	circulación monetaria
circuler *(v. intr.)*	**circular** *(v. intr.y tr.)*
civil *(a.)*	**civil** *(a.)*
civique *(a.)*	**cívico** *(a.)*
clarifier *(v. tr.)*	**clarificar** *(v. tr.)*
classé *(a.)*	**archivado** *(p.p.)*
classer *(v. tr.)*	**archivar** *(v. tr.)*
classifier *(v. tr.)*	**clasificar** *(v. tr.)*
clause *(f.)*	**cláusula** *(f.)*
~additionnelle	cláusula adicional
~de pénalisation	cláusula de penalización
~monétaire	cláusula monetaria
clef *(f.)*	**clave** *(f.)*
clémence *(f.)*	**clemencia** *(f.)*
clerc *(m.)*	**escribiente** *(m. y f.)*
client *(m.)*	**cliente** *(m.)*
~étranger	cliente extranjero
~habituel	cliente habitual
clientèle *(f.)*	**clientela** *(f.)*
clôture *(f.)*	**cierre** *(m.)*
~des comptes	cierre de ejercicio
~des livres	cierre de los libros
~d'un bilan	cierre de un balance
codification *(f.)*	**codificación** *(f.)*
coefficient *(m.)*	**coeficiente** *(m.)*
~bancaire	coeficiente bancario
	caja de caudales
coffre-fort	caja de seguridad
	caja fuerte
	caja de alquiler

cohérence *(f.)*	coherencia *(f.)*
cohérent *(a.)*	coherente *(a.)*
coïncident *(a.)*	coincidente *(a.)*
coïncider *(v. intr.)*	coincidir *(v. intr.)*
collaborateur *(m.)*	colaborador *(m.)*
collaboration *(f.)*	colaboración *(f.)*
collusion *(f.)*	colusión *(f.)*
collusoire *(a.)*	colusorio *(a.)*
combatif *(a.)*	combativo *(a.)*
combattre *(v. intr.et tr.)*	combatir *(v. intr.)*
comité *(m.)*	comité *(m.)*
~consultatif	*comité consultivo*
~de créditeurs	*comité de acreedores*
~exécutif	*comité ejecutivo*
commandement *(m.)*	mandato *(m.)*
commander *(v. tr.et intr.)*	mandar *(v. tr.)*
commanditaire *(a.)*	comanditario *(a.)*
commandite *(f.)*	comandita *(f.)*
commencement *(m.)*	comienzo *(m.)*
commencer *(v.tr. et intr.)*	empezar *(v. tr. irreg.)* comenzar *(v. tr.)*
commentaire *(m.)*	comentario *(m.)*
commerçant *(m.)*	comerciante *(m. y f.)*
commerçant au détail	*comerciante al por menor minorista (m.)*
~de devises	*comerciante de divisas*
~d'exportation	*comerciante exportador*
~d'importation	*comerciante de importación*
commerçant en gros	*comerciante al por mayor mayorista (m.)*
~individuel	*comerciante individual*
commerce *(m.)*	comercio *(m.)*
~intérieur	*comercio interior*
~international	*comercio internacional*

~libéralisé	comercio liberalizado
~national	comercio nacional
commercer (v. intr.)	**comerciar** (v. intr.)
commercial (a.)	comercial (a.) mercantil (a.)
commercialisation (f.)	**comercialización** (f.)
commercialiser (v. tr.)	**comercializar** (v. tr.)
commettant (m.)	comitente (m. y f.) poderdante (m. y f.)
commettre (v. tr.)	**cometer** (v. tr.)
~une erreur	cometer un error
~une fraude	cometer fraude
commis comptable	**tenedor de libros**
commissaire aux comptes	censor de cuentas censor jurado de cuentas
commission (f.)	comisión (f.) corretaje (m.)
~bancaire	comisión bancaria
~de courtage	comisión de corretaje
~de paiement	comisión de pago
~de participation	comisión de participación
~d'émission	comisión de emisión
~d'encaissement	comisión de cobro
~d'ouverture	comisión de apertura
commissionnaire (m.)	**comisionista** (m. y f.)
commissionné (a.et m.)	**comisionado** (a. y m.)
commissionner (v. tr.)	**comisionar** (v. tr.)
commissions bancaires	**comisiones bancarias**
commun (a.)	**común** (a.)
communication (f.)	**comunicación** (f.)
communiquer (v.tr.et intr)	**comunicar** (v. tr.)
compagnie (f.)	**compañía** (f.)
comparable (a.)	**equiparable** (a.)

comparaison *(f.)*	comparación *(f.)* cotejo *(m.)*
comparaître *(v.intr.)*	comparecer *(v. tr.)* personarse *(v.pron.)*
comparatif *(a.)*	comparativo *(a.)*
comparé *(a.)*	comparado *(a.)*
comparer *(v. tr.)*	comparar *(v. tr.)*
compatibilité *(f.)*	compatibilidad *(f.)*
compatible *(a.)*	compatible *(a.)*
compensation *(f.)*	compensación *(f.)*
~bancaire	*compensación bancaria*
compensatoire *(a.)*	compensatorio *(a.)*
compensé *(a.)*	compensado *(a.)*
compenser *(v. tr.)*	compensar *(v. tr.)*
compétent *(a.)*	competente *(a.)*
compétiteur *(m.)*	competidor *(m.)*
compétitif *(a.)*	competitivo *(a.)*
complaire *(v. intr.)*	complacer *(v. tr.)*
complaisant *(a.)*	complaciente *(a.)*
complémentaire *(a.)*	complementario *(a.)*
complet *(a.)*	completo *(a.)*
complice *(m. et f.)*	cómplice *(m. y f.)*
~instigateur	*cómplice instigador*
~receleur	*cómplice encubridor*
complicité *(f.)*	complicidad *(f.)*
compliquer *(v.tr.)*	complicar *(v.tr.)* dificultar *(v. tr.)*
comportement *(m.)*	comportamiento *(m.)*
comporter *(v. tr.)*	comportar *(v. tr.e intr.)*
comptabilisation *(f.)*	contabilización *(f.)*
comptabiliser *(v.tr.)*	contabilizar *(v. tr.)*
comptabilité *(f.)*	contabilidad *(f.)* contaduría *(f.)*

~financière	contabilidad financiera
comptable *(m. et f.)*	**contable** *(m. y f.)*
comptant *(a.)*	**contado** *(a.)*
compte *(m.)*	**cuenta** *(f.)*
~à payer	cuenta a pagar
~à percevoir	cuenta a cobrar
~à terme	cuenta a plazo
~auxiliaire	cuenta auxiliar
~bancaire	cuenta bancaria
~bloqué	cuenta bloqueada
~commun	cuenta común
~courant	cuenta corriente
~créditeur	cuenta acreedora
~de bilan	cuenta de balance
~de caisse	cuenta de caja
~de capital	cuenta de capital
~de clôture	cuenta cierre
~de compensation	cuenta de compensación
~de crédit	cuenta de crédito
~de dépenses	cuenta de gastos
~de dépôt	cuenta de depósito
~de divers	cuenta de varios
~de négoces	cuenta de negocios
~de paiement	cuenta de pagos
~de pertes et profits	~ de pérdidas y ganancias
~de prêt	cuenta de préstamo
~de réserves	cuenta de reserva
~de retour	cuenta de resaca
~de revenus	cuenta de ingreso
~débiteur	cuenta deudora
~d'épargne	cuenta de ahorro
~d'inventaire	cuenta de inventario
~d'ordre	cuenta de orden

~du bilan	cuenta del balance
~du grand livre	cuenta de mayor
~échu	cuenta vencida
~en attente	cuenta pendiente
~en commun	cuenta mancomunada
~en devises	~ en moneda extranjera
~fermé	cuenta cerrada
~garantie	cuenta garantizada
~inactif	cuenta inactiva
~individuel	cuenta individual
~joint	cuenta conjunta
~nominal	cuenta nominal
~nouveau	cuenta nueva
~numéroté	cuenta numerada
~ouvert	cuenta abierta
~personnel	cuenta personal
~privé	cuenta particular
~retardataire	cuenta morosa
~sans garanties	cuenta sin garantía
~sans mouvements	cuenta sin movimientos
~soldé	cuenta saldada
~spécial	cuenta especial
compter (v. intr.et tr.)	**contar** (v. tr.)
comptes à terme	**cuentas a plazo**
~bancaires	cuentas bancarias
~de passif	cuentas de pasivo
~de résidents	cuentas de residentes
~intouchables	cuentas incobrables
~personnels	cuentas personales
comptoir (m.)	**mostrador** (s.)
compulser (v. tr.)	**compulsar** (v. tr.)
comput (m.)	**cómputo** (m.)
computer (v. tr.)	**computar** (v. tr.)

concéder *(v. tr.)*	**conceder** *(v. tr.)*
~un crédit	otorgar un crédito
~un escompte	conceder un descuento
~un prêt	otorgar un empréstito
~une prorogation	conceder una prórroga
concept *(m.)*	**concepto** *(m.)*
conception *(f.)*	**concepción** *(f.)*
concernant *(a.)*	**concerniente** *(p. a.)*
concerner *(v. tr.)*	atañer *(v. intr.)* concernir *(v. intr.)*
concerté *(a.)*	**concertado** *(p. p.)*
concerter *(v.t et intr.)*	**concertar** *(v.irreg.)*
concession *(f.)*	**concesión** *(f.)*
~d'un crédit	concesión de un crédito
concessionnaire *(m.)*	**concesionario** *(m.)*
conciliation de banques	**conciliación de bancos**
conclure *(v. tr.)*	**concluir** *(v. tr.)*
conclusion *(f.)*	**conclusión** *(f.)*
concorde *(f.)*	**concordia** *(f.)*
concurrence *(f.)*	competencia *(f.)* concurrencia *(f.)*
~déloyale	competencia desleal
concussionnaire *(m.)*	**malversador** *(m.)*
condition *(f.)*	**condición** *(f.)*
conditionné *(a.)*	**condicionado** *(a.)*
conditionnel *(a.)*	**condicional** *(a.)*
conditions *(f.pl.)*	**condiciones** *(f. pl.)*
~d'acceptation	condiciones de aceptación
~d'assurance	condiciones de seguro
~de la police	condiciones de la póliza
~de paiement	condiciones de pago
~d'un prêt	condiciones de un préstamo
conduite *(f.)*	**conducta** *(f.)*

conférence (f.)	**conferencia** (f.)
conférencier (m.)	**conferenciante** (m.)
conférer (v. intr.et tr.)	**conferir** (v. tr.e intr.)
confiance (f.)	**confianza** (f.)
confiant (a.)	**confiado** (a.)
confidentiel (a.)	**confidencial** (a.)
confier (v. tr.)	**confiar** (v. intr.y tr.)
confirmation (f.)	**confirmación** (f.)
confirmatoire (a.)	**confirmatorio** (a.)
confirmé (a.)	**confirmado** (a.)
confirmer (v. tr.)	**confirmar** (v. tr.)
conflit (m.)	**conflicto** (m.)
~social	conflicto laboral
conforme (a.)	**conforme** (a.)
conformer (v. tr.)	**conformar** (v. tr.e intr.)
conformité (f.)	conformidad (f.) visto bueno (m.)
confrontation (f.)	**confrontación** (f.)
confronter (v. tr.)	**cotejar** (v. tr.)
congélation (f.)	**congelación** (f.)
~des changes	congelación de cambios
congelé (a.)	**congelado** (a.)
congeler (v. tr.)	**congelar** (v. tr.)
conjoint (a. et s.)	**mancomunado** (a.)
conjointement (adv.)	conjuntamente (adv.) mancomunadamente (adv.)
conjoncture (f.)	**coyuntura** (f.)
~à la baisse	coyuntura bajista
~à la hausse	coyuntura alcista
~économique	coyuntura económica
conjoncturel (a.)	**coyuntural** (a.)
connaissance (f.)	**conocimiento** (m.)
~maritime	conocimiento de embarque

connaisseur *(m. et a.)*	**conocedor** *(a. y m.)*
connaître *(v. tr.)*	**conocer** *(v. tr.)*
connecter *(v. tr.)*	**conectar** *(v. tr.)*
conquérir *(v. tr.)*	**conquistar** *(v. tr.)*
conquête *(f.)*	**conquista** *(f.)*
conseil *(m.)*	**asesoramiento** *(m.)*
conseiller *(m.)*	**consejero** *(m.)*
conseiller *(v. tr.)*	asesorar *(v. tr.)* aconsejar *(v. tr.)*
~juridique	**asesor jurídico**
consentement *(m.)*	asentimiento *(m.)* consenso *(m.)* consentimiento *(m.)*
~mutuel	mutuo consenso
~paternel	consentimiento paterno
consentir *(v. tr.et intr.)*	**consentir** *(v. tr.)*
~un moratoire	acordar una moratoria
~un prêt	conceder un préstamo
conséquemment *(adv.)*	**consecuentemente** *(adv.)*
conséquence *(f.)*	**consecuencia** *(f.)*
conséquent *(a.)*	**consecuente** *(a.)*
conservateur *(a. et m.)*	**conservador** *(a. y m.)*
conserver *(v. tr.)*	**conservar** *(v. tr.)*
considérable *(a.)*	considerable *(a.)* cuantioso *(a.)*
considération *(f.)*	**consideración** *(f.)*
considérer *(v. tr.)*	considerar *(v. tr.)* opinar *(v. intr.)*
consistance *(f.)*	**consistencia** *(f.)*
consolidation *(f.)*	**consolidación** *(f.)*
~d'une dette	~de una deuda
~de bilans	~de balances
consolidé *(a.)*	**consolidado** *(p. p.)*
consolider *(v. tr.)*	**consolidar** *(v. tr.)*

consommateur *(m.)*	**consumidor** *(m.)*
consommation *(f.)*	**consumo** *(m.)*
~privée	consumo privado
consortium *(m.)*	**consorcio** *(m.)*
~bancaire	consorcio de bancos
~de financement	consorcio de financiación
constant *(a.et s.)*	**constante** *(a .)*
constatation *(f.)*	**constatación** *(f.)*
constitué *(a.)*	**constituido** *(a., p. p.)*
constituer *(v. tr.)*	**constituir** *(v. tr.)*
~un dépôt	constituir un depósito
~une hypothèque	constituir una hipoteca
~une société	constituir una sociedad
constitutif *(a.)*	**constitutivo** *(a.)*
constitution d'hypothèque	**escritura hipotecaria**
consultant *(m.)*	**consultor** *(m.)*
consultatif *(a.)*	**consultivo** *(a.)*
consultation *(f.)*	consulta *(f.)* dictamen *(m.)*
consulter *(v. intr.et tr.)*	**consultar** *(v. tr.)*
contention *(f.)*	**contención** *(f.)*
contestable *(a.)*	**controvertible** *(a.)*
contingent *(m.)*	**contingente** *(m.)*
~de devises	contingente de divisas
continu *(a.)*	continuado *(a.)* continuo *(a.)*
continuation *(f.)*	**continuación** *(f.)*
continuer *(v. intr.et tr.)*	**continuar** *(v. tr. e intr.)*
continuité *(f.)*	**continuidad** *(f.)*
contractant *(a. et m.)*	**contratante** *(a, m. y f.)*
contracter *(v. tr.)*	**contraer** *(v. tr.)*
~des dettes	contraer deudas
~des obligations	contraer obligaciones

contraction *(f.)*	**contracción** *(f.)*
contractuel *(a.)*	**contractual** *(a.)*
contradiction *(f.)*	**contradicción** *(f.)*
contradictoire *(a.)*	**contradictorio** *(a.)*
contraindre *(v. tr.)*	**apremiar** *(v. tr.)*
~*à payer*	*apremiar el pago*
contrainte *(f.)*	**apremio** *(m.)*
contrairement à	**a diferencia de**
contrat *(m.)*	**contrato** *(m.)*
~*à terme*	*contrato a plazo*
~*atypique*	*contrato atípico*
~*commercial*	*contrato mercantil*
~*d'achat et de vente*	*compraventa*
~*de crédit*	*contrato de crédito*
~*de paiement*	*convenio de pago*
~*de prêt*	*contrato de préstamo*
contrat de vente	*contrato de compra venta* *contrato de venta*
~*d'échange*	*contrato de permuta*
~*ferme*	*contrato firme*
contravention *(f.)*	**contravención** *(f.)*
contredire *(v. tr.)*	**contradecir** *(v. tr.)*
contrefaçon de signature	**falsificación de firma**
contrefait *(a.)*	**falsificado** *(a. y p. p.)*
contre-offre *(f.)*	**contraoferta** *(f.)*
contre-ordre *(f.)*	**contraorden** *(f.)*
contrepartie *(f.)*	**contrapartida** *(f.)*
contre-prestation *(f.)*	**contraprestación** *(f.)*
contreseing *(m.)*	**refrendo** *(m.)*
contretemps *(m.)*	**contratiempo** *(m.)*
contre-valeur *(f.)*	**contravalor** *(m.)*
contribuer *(v. tr.)*	**contribuir** *(v. tr.irreg.)*
contributif *(a.)*	contributivo *(a.)* recaudatorio *(a.)*

contrôlé *(a.)*	**controlado** *(a.)*
contrôle *(m.)*	control *(m.)* fiscalización *(f.)* intervención *(f.)*
~de comptes	intervención de cuentas
~des changes	control de cambios
~des devises	control de divisas
~du crédit	control crediticio
contrôler *(v. tr.)*	controlar *(v. tr.)* fiscalizar *(v. tr.)*
~l'encaissement	controlar los cobros
convaincant *(a.)*	**convincente** *(a.)*
convaincre *(v. tr.)*	**convencer** *(v. tr.)*
convenable *(a.)*	**conveniente** *(a.)*
convenablement *(adv.)*	apropiadamente *(adv.)* convenientemente *(adv.)*
convenance *(f.)*	**conveniencia** *(f.)*
convenir *(v. intr.)*	acordar *(v. tr.)* convenir *(v. intr.)*
~un prix	ajustar los precios
convention *(f.)*	convención *(f.)* convenio *(m.)*
~des créanciers	convenio de acreedores
~économique	concierto económico
conventionnel *(a.)*	**convencional** *(a.)*
convenu *(a.)*	**convenido** *(a.)*
conversation *(f.)*	**conversación** *(f.)*
converser *(v. intr.)*	**conversar** *(v. intr.)*
conversion *(f.)*	**conversión** *(f.)*
convertibilité *(f.)*	**convertibilidad** *(f.)*
~externe	convertibilidad externa
~illimitée	convertibilidad ilimitada
~interne	convertibilidad interna

~limitée	convertibilidad limitada
convertible (a.)	convertible (a.)
convertir (v. tr.)	convertir (v. tr.)
conviction (f.)	convencimiento (m.) convicción (f.)
convocation (f.)	convocatoria (f.)
convoquer (v. tr.)	convocar (v. tr.)
coopératif (a.)	cooperativo (a.)
coopération (f.)	cooperación (f.)
coordinateur (a.)	coordinador (a.)
coordination (f.)	coordinación (f.)
coordonné (a.)	coordinado (a.)
coordonner (v. tr.)	coordinar (v. tr.)
coparticipant (m.)	copartícipe (m. y f.)
coparticipation (f.)	coparticipación (f.)
copie (f.)	copia (f.)
copier (v. tr.)	copiar (v. tr.)
correct (a.)	correcto (a.)
correction (f.)	corrección (f.)
corrélation (f.)	correlación (f.)
correspondance (f.)	correspondencia (f.)
~commerciale	~comercial
correspondant (m.)	corresponsalía (f.)
~bancaire	corresponsal bancario
correspondre (v. intr.)	corresponder (v. intr.)
corrigé (a.)	corregido (a.)
corriger (v. tr.)	corregir (v. tr.) enmendar (v. tr.)
corroborer (v. tr.)	corroborar (v. tr.)
cote (f.)	cotización (f.)
cotisable (a.)	cotizable (a.)
cotisation (f.)	cuota (f.)
cotisé (a.)	cotizado (a.)

cotiser *(v. intr.et tr.)*	**cotizar** *(v. tr.)*
~des prix	cotizar precios
Coulisse *(f.)*	**Bolsín** *(m.)*
coupon *(m.)*	**cupón** *(m.)*
~de dividende	cupón de dividendo
~de revenu fixe	cupón de renta fija
~des intérêts	cupón de intereses
courant *(a.)*	**corriente** *(a.)*
courrier *(m.)*	**correo** *(m.)*
cours d´achat	**cambio comprador**
~d´une affaire	tramitación
~de change	tipo de cambio
~de devises	cambio de divisa
~de vente	cambio vendedor
~des actions	cotización de las acciones
~des changes	cotización de los cambios
~du dollar	cotización del dólar
~du jour	cotización del día
~ferme	cotización en firme
~officiel	cambio oficial
~officiel	cotización oficial
court *(a.)*	**corto** *(a.)*
coût *(m.)*	coste *(m.)* costo *(m.)*
~actuel	costo actual
~d´achat	coste de compra
~d´acquisition	coste de adquisición
coûts *(m.pl.)*	**costes** *(m. pl.)*
coutume *(f.)*	**costumbre** *(f.)*
couvert *(a.)*	**cubierto** *(a.)*
couverture *(f.)*	**cobertura** *(f.)*
~bancaire	cobertura bancaria
~de change	cobertura de cambio

couvrir *(v. tr.)*	**cubrir** *(v. tr.)*
~la demande	cubrir la demanda
créancier *(m.)*	**acreedor** *(a. y m..)*
~avec caution	acreedor con caución
~avec garanties	acreedor con garantía
~commun	acreedor común
~conjoint	acreedor mancomunado
~de banqueroute	acreedor de bancarrota
~de la masse	acreedor de la masa
~ disposant d´un droit réel	acreedor real
~du failli	acreedor del fallido
~gagiste	acreedor pignoraticio
~gagiste	acreedor prendario
~hypothécaire	acreedor hipotecario
~personnel	acreedor personal
~ qui poursuit son débiteur	acreedor ejecutante
~solidaire	acreedor solidario
crédibilité *(f.)*	**credibilidad** *(f.)*
crédit *(m.)*	**crédito** *(m.)*
~à court terme	crédito a corto plazo
~à découvert	crédito en descubierto
~à l´exportation	crédito a la exportación
~à l'industrie	crédito a la industria
~à long terme	crédito a largo plazo
crédit à moyen terme	crédito a medio plazo
~agricole	crédito agrícola
~au consommateur	crédito al consumidor
~avec garantie	crédito con garantía
~avec garantie réelle	crédito con garantía real
~bancaire	crédito bancario
~commercial	crédito comercial
~compensé	crédito compensado
~confirmé	crédito conformado

~confirmé et irrévocable	~ confirmado e irrevocable
~d'acceptation	crédito de aceptación
~d'escompte	crédito de descuento
~de commerce extérieur	~de comercio exterior
~de préférence	crédito preferencial
~de production	crédito de producción
~divisible	crédito divisible
~documentaire	crédito documentario
crédit échu	crédito prescrito crédito vencido
~effectif	crédito en efectivo
~en blanc	crédito en blanco
~en compte	crédito en cuenta
~en devises	crédito en divisas
~étranger	crédito extranjero
~failli	crédito fallido
~fermé	crédito cerrado
~foncier	crédito inmobiliario
~global	crédito global
~hypothécaire	crédito hipotecario
~illimité	crédito ilimitado
~industriel	crédito industrial
~irrévocable	crédito irrevocable
~négociable	crédito negociable
~non confirmé	crédito no confirmado
crédit officiel	crédito estatal crédito oficial
~ouvert	crédito abierto
~personnel	crédito personal
~pignoratif	crédito pignoraticio
~réel	crédito real
~rénovable	crédito renovable
~révocable	crédito revocable

crédit revolving	*crédito revolving*
	crédito rotatorio
~rotatif	*crédito rotativo*
~simple	*crédito simple*
~subsidiaire	*crédito subsidiario*
~transférable	*crédito transferible*
créditer *(v.)*	**abonar** *(v. tr.e intr.)*
~en compte	*abonar en cuenta*
~une remise	*abonar una remesa*
crédits hypothécaires	**créditos hipotecarios**
~irrécouvrables	*créditos incobrables*
créer *(v. tr.)*	**crear** *(v. tr.)*
crise *(f.)*	**crisis** *(f.)*
~économique	*crisis económica*
~financière	*crisis financiera*
~monétaire	*crisis monetaria*
critère *(m.)*	**criterio** *(m.)*
critique *(a.)*	**crítico** *(a.)*
croire *(v.tr. et intr.)*	**creer** *(v. tr.)*
croisement *(m.)*	**cruzamiento** *(m.)*
croiser *(v.intr. et tr.)*	**cruzar** *(v. tr.)*
croissance économique	**crecimiento económico**
croître *(v. intr.)*	**crecer** *(v. intr.)*
cycle *(m.)*	**ciclo** *(m.)*
~économique	*ciclo económico*
cyclique *(a.)*	**cíclico** *(a.)*
cycliquement *(adv.)*	**cíclicamente** *(adv.)*

dans

Français	Espagnol
Français	*Espagnol*
dans *(adv.)*	**dentro** *(adv.)*
date *(f.)*	**fecha** *(f.)*
~d´échéance	*fecha de vencimiento*
~d´envoi	*fecha de envío*
~d'acceptation	*fecha de aceptación*
~de clôture	*fecha de cierre*
~de la facture	*fecha de la factura*
~de paiement	*fecha de pago*
dater *(v. tr.et intr.)*	**fechar** *(v. tr.)*
débarquer *(v. intr.et tr.)*	**aportar** *(v. intr.y tr.)*
débattre *(v. tr.)*	**debatir** *(v. tr.)*
débiliter *(v. tr.)*	**debilitar** *(v. tr.)*
débit *(m.)*	adeudo *(m.)* cargo *(m.)* debe *(m.)* débito *(m.)*
débit bancaire	*cargo bancario*
débiter *(v. tr.)*	**adeudar** *(v. tr.)*
~des intérêts	*cargar intereses*
~en compte	*cargar en cuenta*
débiteur *(m.)*	**deudor** *(m.)*
~commun	*deudor común*
~mis en demeure	*deudor moroso*
~principal	*deudor principal*
déblocage *(m.)*	**desbloqueo** *(m.)*
débloquer *(v. tr.et intr.)*	**desbloquear** *(v. tr.)*
~un compte	*desbloquear una cuenta*
déborder *(v. intr.)*	**desbordar** *(v. intr.)*
déboursé *(a.)*	**desembolso** *(m.)*
déboursée *(a.)*	**desembolsada** *(a.)*

débourser *(v. tr.)*	**desembolsar** *(v. tr.)*
~de l'argent	desembolsar dinero
débouter *(v. tr.)*	**denegar** *(v. tr.)*
début *(m.)*	**inicio** *(m.)*
décapitalisé *(a.)*	**descapitalizado** *(a.)*
décentralisation *(f.)*	descentralización *(f.)* descongestión *(f.)*
déchoir *(v. intr.)*	**decaer** *(v. intr.)*
déchu *(a.)*	caducado *(a.)* decaído *(a.)*
décider *(v. tr.)*	**decidir** *(v. tr.)*
décisif *(a.)*	**decisivo** *(a.)*
décision *(f.)*	**decisión** *(f.)*
décisoire *(a.)*	**decisorio** *(a.)*
déclaration *(f.)*	**declaración** *(f.)*
~de biens	declaración de bienes
déconsidération *(f.)*	**desconsideración** *(f.)*
décontraction *(f.)*	**relajamiento** *(m.)*
découragé *(a.)*	**desanimado** *(a.)*
découragement *(m.)*	**desánimo** *(m.)*
décourager *(v. tr.)*	**desanimar** *(v. tr.)*
découvert *(m.)*	**descubierto** *(m.)*
décroissant *(a.)*	**decreciente** *(a.)*
déductible *(a.)*	**deducible** *(a.)*
déduction *(f.)*	**deducción** *(f.)*
~de frais	deducción de gastos
déduire *(v. tr.)*	**deducir** *(v. tr.)*
déduit *(a.)*	**deducido** *(a.)*
défaire *(v. tr.)*	**deshacer** *(v. tr.)*
défalquer *(v. tr.)*	**desfalcar** *(v. tr.)*
défaut *(m.)*	defecto *(m.)* falta *(f.)*
défavorable *(a.)*	**desfavorable** *(a.)*

défectueux *(a.)*	**defectuoso** *(a.)*
déficience *(f.)*	**deficiencia** *(f.)*
déficit *(m.)*	**déficit** *(m.)*
~financier	*déficit financiero*
déficitaire *(a.)*	**deficitaria** *(a.)*
défini *(a.)*	**definido** *(a.)*
définir *(v. tr.)*	**definir** *(v. tr.)*
délai d'acceptation	**plazo de aceptación**
~d'amortissement	*plazo de amortización*
~de forclusion	*plazo de caducidad*
~de garantie	*plazo de garantía*
~de paiement	*plazo de pago*
~de préavis	*plazo de preaviso*
~final	*plazo final*
~limite	*plazo límite*
délégation *(f.)*	**delegación** *(f.)*
délégué *(a.et m.)*	**delegado** *(a y m.)*
déléguer *(v. tr.)*	**delegar** *(v. tr.)*
~des pouvoirs	*apoderar* *(v. tr.)*
délimiter *(v. tr.)*	**delimitar** *(v. tr.)*
délit *(m.)*	**delito** *(m.)*
délivrance de fonds	**libramiento de fondos**
délivrer une facture	**extender una factura**
demain *(adv.)*	**mañana** *(adv.y f.)*
demande *(f.)*	demanda *(f.)* petición *(f.)* solicitud *(f.)*
demande de crédit	*demanda crediticia* *solicitud de crédito*
~de faillite	*declaración de quiebra*
~de paiement	*demanda de pago*
demandé *(s.)*	**demandado** *(m.)*
demander *(v. tr.)*	demandar *(v. tr.)* pedir *(v. tr.)*

~conseil	*pedir asesoramiento*
démarche *(f.)*	**diligencia** *(f.)*
démenti *(m.)*	**desmentido** *(m.)*
demeure *(f.)*	**mora** *(f.)*
démonétisation *(f.)*	**desmonetización** *(f.)*
deniers publics	**caudales públicos**
dénomination *(f.)*	**denominación** *(f.)*
département *(m.)*	**departamento** *(m.)*
~de comptabilité	~ de contabilidad
~de crédit	departamento de crédito
~de devises	departamento de divisas
~ de monnaie étrangère	~ de moneda extranjera
~de recouvrements	departamento de cobros
~d'épargnes	departamento de ahorros
~du personnel	departamento de personal
~étranger	departamento extranjero
~financier	departamento financiero
dépasser *(v.tr.et intr.)*	*rebasar (v. tr.e intr.)* *sobrepasar (v. intr.)*
~le terme	*sobrepasar el plazo*
dépenser *(v. tr.)*	**gastar** *(v. tr.)*
dépenses *(f.pl.)*	**gastos** *(m.pl.)*
déposant *(a. et s.)*	*depositante (a. y s.)* *imponente (a. y s.)* *impositor (a. y s.)*
déposé *(a.)*	**depositado** *(a.)*
déposer *(v. tr.et intr.)*	*depositar (v. tr.)* *ingresar (v. intr. y tr.)*
~en banque	depositar en el banco
~en gage	dejar en prenda
~un cautionnement	depositar una fianza
dépositaire *(s.)*	**depositario** *(m.)*
dépôt *(m.)*	**depósito** *(m.)*
~à court terme	depósito a corto plazo

~a long terme	depósito a largo plazo
~à moyen terme	depósito a medio plazo
dépôt à terme	depósito a plazo imposición a plazo fijo
~à vue	depósito a la vista
~de garantie	deposito afianzado
~d'épargne	depósito de ahorro
~effectif	deposito efectivo
~en gage	fianza prendaria
dépréciation *(f.)*	**depreciación** *(f.)*
~accélérée	depreciación acelerada
dépréciée *(a.)*	**depreciada** *(a.)*
déprécier *(v. tr.)*	**depreciar** *(v. tr.)*
dépression *(f.)*	**depresión** *(f.)*
dérisoire *(a.)*	**irrisorio** *(a.)*
dernier *(a. et s.)*	**último** *(a. y s.)*
~prix	precio último
désaccord *(m.)*	desacuerdo *(m.)* desavenencia *(f.)* disconformidad *(f.)* discrepancia *(f.)*
désajustement *(m.)*	**desajuste** *(m.)*
désamortir *(v. tr.)*	**desamortizar** *(v. tr.)*
désamortissement *(m.)*	**desamortización** *(f.)*
désapprobation *(f.)*	**desaprobación** *(f.)*
désapprouver *(v. tr.)*	**desaprobar** *(v. tr.)*
désavantage *(m.)*	**desventaja** *(f.)*
désavantageux *(a.)*	**desventajoso** *(a.)*
désavouer *(v. tr.)*	**desautorizar** *(v. tr.)*
descendre *(v. intr.)*	**descender** *(v. intr.y tr.)*
désinvestissement *(m.)*	**desinversión** *(f.)*
désir *(m.)*	**deseo** *(m.)*
désirable *(a.)*	**deseable** *(a.)*
désirer *(v. tr.)*	**desear** *(v. tr.)*

destiner *(v. tr.)*	**destinar** *(v. tr.)*
destitution *(f.)*	**destitución** *(f.)*
détaillé *(a.)*	detallado *(a.)* pormenorizado *(a.)*
détailler *(v. tr.)*	**detallar** *(v. tr.)*
détenteur d'actions	**poseedor de acciones**
~d'obligations	poseedor de obligaciones
déterminer *(v. tr.)*	**determinar** *(v. tr.)*
détournement *(m.)*	**desfalco** *(m.)*
dette *(f.)*	**deuda** *(f.)*
~à court terme	deuda a corto plazo
~à long terme	deuda a largo plazo
~à terme	deuda a plazo
~amortissable	deuda amortizable
~brute	deuda bruta
~consolidée	deuda consolidada
~de la société	deuda de la sociedad
~en devises	deuda en divisas
~exigible	deuda exigible
~extérieure	deuda exterior
~irrécouvrable	deuda incobrable
~nette	deuda neta
~publique	deuda pública
dettes *(f. pl.)*	**deudas** *(f. pl.)*
dévaluation *(f.)*	**devaluación** *(f.)*
dévalué *(a.)*	**devaluado** *(a.)*
dévaluer *(v. intr.et tr.)*	**devaluar** *(v. tr.)*
développé *(a.)*	**desarrollado** *(a.)*
développement *(m.)*	**desarrollo** *(m.)*
~du marché	ampliación de mercado
~économique	desarrollo económico
développer *(v. tr.)*	**desarrollar** *(v. tr.)*
devise *(f.)*	**divisa** *(f.)*

~convertible	*divisa convertible*
~type	*divisa tipo*
devoir *(m.)*	**deber** *(m.)*
diagnostique *(m.)*	**diagnóstico** *(m.)*
diagnostiquer *(v. tr.)*	**diagnosticar** *(v. tr.)*
différé *(a.)*	**diferido** *(p. p.)*
différence *(f.)*	**diferencia** *(f.)*
~de prix	*diferencia de precio*
différenciation *(f.)*	**diferenciación** *(f.)*
différent *(a.)*	**diferente** *(a.)*
différentiel *(a.et m.)*	**diferencial** *(a.y m.)*
~bancaire	*diferencial bancario*
digit *(m.)*	**dígito** *(m.)*
dilapidation *(f.)*	**dilapidación** *(f.)*
dilapider *(v. tr.)*	**dilapidar** *(v. tr.)*
diligent *(a.)*	**diligente** *(a.)*
diminuer *(v. tr.et intr.)*	**disminuir** *(v. tr.)*
diminuer *(v. tr.et intr.)*	**mermar** *(v. tr.)*
~les prix	*disminuir los precios*
diminution *(f.)*	**disminución** *(f.)*
~du taux d'intérêt	*disminuir el tipo de interés*
dire *(v. tr.)*	**decir** *(v. tr.)*
directeur *(m.)*	**director** *(m.)*
~adjoint	*director general adjunto*
~commercial	*director comercial*
~financier	*director financiero*
~général	*director general*
direction *(f.)*	**dirección** *(f.)*
directive *(f.)*	**directriz** *(f.)*
directoire *(a.)*	**directorio** *(a.)*
dirigé *(a.)*	**dirigido** *(a.)*
dirigeant *(m.)*	*directivo (m.)* *dirigente (m.)*

diriger *(v. tr.)*	**dirigir** *(v. tr.)*
~une entreprise	dirigir un negocio
discontinu *(a.)*	**discontinuo** *(a.)*
discrédit *(m.)*	**descrédito** *(m.)*
discréditer *(v. tr.)*	**desacreditar** *(v. tr.)*
discret *(a.)*	**discreto** *(a.)*
discrétion *(f.)*	**discreción** *(f.)*
discrimination *(f.)*	**discriminación** *(f.)*
discriminer *(v. tr.)*	**discriminar** *(v. tr.)*
disculper *(v.tr.)*	**disculpar** *(v. tr.)*
discussion *(f.)*	**discusión** *(f.)*
discutable *(a.)*	**discutible** *(a.)*
discuter *(v. tr.et intr.)*	**discutir** *(v. tr.)*
disjoindre *(v. tr.)*	**desglosar** *(v. tr.)*
disjonction *(f.)*	**desglose** *(m.)*
~des frais	desglose de los gastos
dispenser *(v. tr.)*	**dispensar** *(v. tr.)*
disponibilité *(f.)*	**disponibilidad** *(f.)*
disponible *(a.)*	**disponible** *(a.)*
disposé *(a.)*	**dispuesto** *(a.)*
disposer *(v. tr.)*	**disponer** *(v. tr.)*
dissension *(f.)*	**disensión** *(f.)*
dissimulation *(f.)*	**ocultamiento** *(m.)*
~de bénéfices	ocultación de beneficios
distinct *(a.)*	**distinto** *(a.)*
distribué *(a.)*	**distribuido** *(a.)*
distribuer *(v. tr.)*	**distribuir** *(v. tr.)*
distribution *(f.)*	**distribución** *(f.)*
divers *(a.)*	**diverso** *(a.)*
diversification *(f.)*	**diversificación** *(f.)*
dividende *(m.)*	**dividendo** *(m.)*
~accumulé	dividendo acumulado
~actif	dividendo activo

~brut	dividendo bruto
~distribué	dividendo en efectivo
~en actions	dividendo en acciones
dividende extraordinaire	dividendo extra dividendo extraordinario
~net	dividendo neto
~non distribué	dividendo pasivo
diviser *(v. tr.)*	**dividir** *(v. tr.)*
divisible *(a.)*	**divisible** *(a.)*
division *(f.)*	**división** *(f.)*
document *(m.)*	**documento** *(m.)*
documentation *(f.)*	**documentación** *(f.)*
documents *(m.pl.)*	**documentos** *(m. pl.)*
~à vue	documentos a la vista
~commerciaux	documentos mercantiles
~réservés	documentos reservados
dollar *(m.)*	**dólar** *(m.)*
domestique *(a. et s.)*	**doméstico** *(a.)*
domicile *(m.)*	**domicilio** *(m.)*
domiciliation *(f.)*	**domiciliación** *(f.)*
~bancaire	domiciliación bancaria
~d'effets	domiciliación de efectos
domicilié *(a.)*	**domiciliado** *(a.)*
domicilier *(v. tr.)*	**domiciliar** *(v. tr.)*
~un effet	domiciliar un efecto
dominer *(v. tr.)*	**dominar** *(v. tr.)*
~le marché	dominar el mercado
données *(f. pl.)*	**datos** *(m. pl.)*
données personnelles	datos personales
donner *(v. tr.et intr.)*	dar *(v. tr.)* donar *(v. tr.)*
~son approbation	dar su aprobación
dos *(m.)*	dorso *(m.)* respaldo *(m.)*

~d'une lettre	dorso de la letra
dossier *(m.)*	**expediente** *(m.)*
doter *(v. tr.)*	**dotar** *(v. tr.)*
double *(a.)*	**doble** *a.)*
doubler *(v. tr.et intr.)*	**doblar** *v. tr.)*
droit *(m.)*	**derecho** *(m.)*
~de souscription	derecho de suscripción
~de véto	derecho de veto
~de vote	derecho al voto
dû *(a.)*	**debido** *(p. p.)*
dumping	**oferta a bajo precio**
duplicata *(a.)*	**duplicado** *(a.)*
durable *(a.)*	**duradero** *(a.)*
durcissement *(m.)*	**endurecimiento** *(m.)*
durée *(f.)*	**duración** *(f.)*
~du crédit	duración del crédito
~d'un prêt	duración de un préstamo
dynamique *(f. et a.)*	**dinámico** *(a.)*

échéance

Français	Espagnol
échéance d'intérêts	**vencimiento de intereses**
~du contrat	vencimiento del contrato
~du terme	vencimiento del plazo
~ d'une lettre de change	vencimiento de la letra
échéancier	**libro de vencimientos**
échu *(a.)*	devengado *(a.)* vencido *(a.)*
éclaircir *(v. tr.)*	aclarar *(v. tr.)* esclarecer *(v. tr.)*
éclaircissement *(m.)*	**aclaración** *(f.)*
économe *(a.et s.)*	ahorrador *(m.)* ahorrista *(a. y m/f.)*
économie *(f.)*	**economía** *(f.)*
~monétaire	economía monetaria
~politique	economía política
~privée	economía privada
~pure	economía pura
économie souterraine	economía subterránea economía sumergida
économies *(f. pl.)*	**ahorros** *(m. pl.)*
économique *(a.)*	**económico** *(a.)*
économiser *(v.tr.)*	**economizar** *(v. tr.)*
économiste *(s.)*	**economista** *(s.)*
écrire *(v. intr.et tr.)*	**escribir** *(v. tr.)*
écrit *(m.et a.)*	**escrito** *(a. y m.)*
écriture	**asiento** *(m.)*
~complémentaire	asiento complementario
écriture comptable	anotación contable asiento contable

~de clôture	asiento de cierre
~de rectification	asiento de rectificación
~douteuse	asiento equivocado
~quotidienne	asiento de diario
écroulement *(m.)*	**derrumbamiento** *(m.)*
effacé *(a.)*	**borrado** *(a.)*
effacer *(v.tr.)*	**borrar** *(v. tr.)*
effectuer *(v.tr.)*	**efectuar** *(v.tr.)*
~un paiement	realizar un pago
effet *(m.)*	**efecto** *(m.)*
~à compenser	efecto a compensar
~à court terme	efecto a corto plazo
~à l'encaissement	efecto al cobro
~à la vue	efecto a la vista
~à long terme	efecto a largo plazo
~à l'ordre	efecto a la orden
~à payer	efecto a pagar
~à recevoir	efecto a cobrar
~à terme fixe	efecto a plazo fijo
~accepté	efecto aceptado
~anticipé	efecto anticipado
~au porteur	efecto al portador
~bancaire	efecto bancario
~commercial	efecto comercial
~constitutif	efecto constitutivo
~convertible	efecto convertible
effet de commerce	efecto de comercio efecto mercantil
~de complaisance	efecto de favor
~documentaire	efecto documentario
~en portefeuille	efecto en cartera
~escompté	efecto descontado
~financier	efecto financiero

~négociable	efecto negociable
~non accepté	efecto no aceptado
effets de commerce	**efectos mercantiles**
~financiers	efectos financieros
efficace *(a.)*	**eficaz** *(a.)*
efficacité *(f.)*	**eficacia** *(f.)*
~économique	eficacia económica
efficience *(f.)*	**eficiencia** *(f.)*
efficient *(a.)*	**eficiente** *(a.)*
effondrement *(m.)*	**hundimiento** *(m.)*
effraction *(f.)*	**quebrantamiento** *(m.)*
égal *(a.)*	**igual** *(a.)*
égaler *(v.tr.)*	**igualar** *(v. tr.)*
égalisation *(f.)*	equiparación *(f.)* igualación *(f.)*
égaliser *(v.intr.et tr.)*	**equiparar** *(v.tr.)*
égalité *(f.)*	**igualdad** *(f)*
élaboration *(f.)*	**elaboración** *(f.)*
élaborer *(v.tr.)*	**elaborar** *(v. tr.)*
élément *(m.)*	**elemento** *(m.)*
élévation *(f.)*	**elevación** *(f.)*
élever *(v. tr.)*	**elevar** *(v. tr.)*
élimination *(f.)*	**eliminación** *(f.)*
éliminer *(v.intr.et tr.)*	**eliminar** *(v. tr.)*
élire *(v. tr.)*	**elegir** *(v. tr.)*
~à l'unanimité	elegir por unanimidad
éluder *(v.tr.)*	**eludir** *(v. tr.)*
embargo *(m.)*	**embargo** *(m.)*
embarras *(m.)*	aprieto *(m.)* apuro *(m.)*
embauche *(m.)*	**contratación** *(f.)*
embrasser *(v. tr.)*	**abarcar** *(v. tr.)*
émergent *(a.)*	**emergente** *(a.)*

émetteur (a.)	emisor (a.)
émettre (v. tr.)	emitir (v. tr.)
~des actions	emitir acciones
~des billets	emitir billetes
~une traite	emitir una letra
éminent (a.)	eminente (a.)
émis (a.)	emitido (p. p.)
émission (f.)	emisión (f.)
~extérieure	emisión exterior
~de billets	emisión de billetes
~fiduciaire	emisión fiduciaria
~intérieure	emisión interior
émoluments (m. pl.)	emolumentos (m. pl.) haberes (m. pl.)
empêchement (m.)	impedimento (m.)
empêcher (v. tr.)	impedir (v. tr.)
employé (m.)	empleado (m.)
~de banque	empleado de banca
~de bureau	oficinista
~de comptabilité	empleado de contabilidad
employer (v.tr.)	emplear (v. tr.)
emprunt (m.)	empréstito (m.)
~amortissable	empréstito amortizable
~consolidé	empréstito consolidado
~convertible	empréstito convertible
~d' État	empréstito estatal
~en devises	empréstito en divisas
emprunter (v. tr.)	emprestar (v. tr.)
emprunteur (m.)	prestatario (m.)
encaissé (a.)	cobrado (a.)
encaisse (f.)	encaje (m.)
encaissement (m.)	ingreso en caja cobro (m.)

~en trop	cobrar de más
encan *(m.)*	**subasta** *(f.)*
encastrer *(v. tr.)*	**encajar** *(v.tr.)*
enchérir *(v. intr.)*	encarecer *(v.tr.)* licitar *(v. tr.)*
enchérisseur *(m.)*	licitador *(m.)* licitante *(m. y f.)*
encourageant *(a.)*	**alentador** *(a.)*
endetté *(a.)*	**endeudado** *(p. p.)*
endettement *(m.)*	**endeudamiento** *(m.)*
endommager *(v. tr.)*	**dañar** *(v. tr.)*
endos *(m.)*	**endoso** *(m.)*
~complet	endoso completo
~de complaisance	endoso de favor
~en blanc	endoso en blanco
~irrégulier	endoso irregular
~nominatif	endoso nominativo
~nul	endoso nulo
~pour recouvrement	endoso para el cobro
~total	endoso total
endossable *(a.)*	**endosable** *(a.)*
endossataire *(m.)*	endosador *(m.)* endosatario *(m.)*
endossé *(a.)*	**endosado** *(a.)*
endossement *(m.)*	**endoso** *(m.)*
~conditionnel	endoso condicional
~de garantie	endoso de garantía
endosser *(v.tr.)*	**endosar** *(v. tr.)*
endosseur *(m.)*	**endosante** *(m.)*
endurcir *(v. tr.)*	**endurecer** *(v. tr.)*
engagé *(a.)*	**empeñado** *(p. p.)*
engagement *(m.)*	**compromiso** *(m.)*
engager *(v. tr.)*	contratar *(v. tr.)* empeñar *(v. tr.)*

engendrer *(v. tr.)*	**generar** *(v. tr.)*
enregistré *(a.)*	**registrado** *(a. y p. p.)*
enregistrer *(v. tr.)*	**registrar** *(v. tr.)*
enrichissement *(m.)*	**enriquecimiento** *(m.)*
entendement *(m.)*	**entendimiento** *(m.)*
en-tête *(m.)*	**encabezamiento** *(m.)*
entier *(a.)*	**entero** *(a.)*
entité *(f.)*	**entidad** *(f.)*
~commerciale	entidad comercial
~financière	entidad financiera
~sociale	entidad social
entraver *(v. tr.)*	obstaculizar *(v. tr.)* obstruir *(v. tr.)*
entrée *(f.)*	**entrada** *(f.)*
~de capital	entrada de capital
~de devises	entrada de divisas
entreprendre *(v. tr.)*	**emprender** *(v. tr.)*
entreprise *(f.)*	**empresa** *(f.)*
~commerciale	empresa mercantil
~cotée en bourse	empresa cotizada en Bolsa
~endettée	empresa endeudada
~filiale	empresa filial
entreprise moyenne	empresa media empresa mediana
~multinationale	empresa multinacional
~nationale	empresa nacional
~privée	empresa privada
~publique	empresa pública
entrer *(v. intr.et tr.)*	**entrar** *(v.intr.)*
entretien *(m.)*	entrevista *(f.)* mantenimiento *(m.)*
environnement *(m.)*	**entorno** *(m.)*

envoi *(m.)*	**envío** *(m.)*
envoyer *(v. tr.)*	enviar *(v. tr.)* remitir *(v. tr.e intr.)*
épargne *(f.)*	**ahorro** *(m.)*
~brute	ahorro bruto
~insuffisante	ahorro insuficiente
~interne	ahorro interior
~nationale	ahorro Nacional
~personnelle	ahorro personal
épargner *(v. tr.)*	**ahorrar** *(v. tr.)*
équation *(f.)*	**ecuación** *(f.)*
équilibré *(a.)*	**equilibrado** *(p. p.)*
équilibre *(m.)*	**equilibrio** *(m.)*
~de marché	equilibrio de mercado
~économique	equilibrio económico
équilibrer *(v. tr.)*	**equilibrar** *(v. tr.)*
erreur *(f.)*	**equivocación** *(f.)*
~comptable	error contable
~de transcription	error de copia
erroné *(a.)*	**erróneo** *(a.)*
escompte *(m.)*	**descuento** *(m.)*
~commercial	descuento comercial
escomptée *(a.)*	**descontada** *(a.)*
escompter *(v. tr.)*	**descontar** *(v. tr.)*
~ une lettre de change	descontar una letra
escroc *(m.)*	estafador *(m.)* timador *(m.)*
escroquerie *(f.)*	estafa *(f.)* timo *(m.)*
espèces *(f.et a.)*	dinero efectivo efectivo *(m.)* metálico *(a.)*
estampiller *(v. tr.)*	**estampillar** *(v. tr.)*
estimation *(f.)*	avalúo *(m.)* estimación *(f.)*

	valuación *(f.)*
estimé *(a.)*	estimado *(a. y p. p.)* valorado *(p. p.)*
établissement *(m.)*	**establecimiento** *(m.)*
éthique *(f.)*	**ética** *(f.)*
étranger *(a. et m.)*	**extranjero** *(a. y m.)*
être d'accord	**estar de acuerdo**
~en désaccord	*discrepar (v. tr.)*
~en retard	*atrasar (v. tr.)*
étude *(f.)*	**estudio** *(m.)*
~de documents	*análisis de documentos*
~de marché	*estudio de mercados*
~de notaire	*notaría*
~de possibilités	*estudio de posibilidades*
~du marché	*análisis de mercado*
~du produit	*estudio del producto*
~statistique	*análisis estadístico*
étudié *(a.)*	**estudiado** *(p. p.)*
étudier *(v. intr.et tr.)*	**estudiar** *(v. tr.)*
eurochèque *(m.)*	**eurocheque** *(m.)*
eurodevise *(f.)*	**eurodivisa** *(f.)*
eurodollars *(m. pl.)*	**eurodólares** *(m. pl.)*
euro-obligations *(f.)*	**eurobonos** *(m. pl.)*
européen *(m. et a.)*	**europeo** *(m. y a.)*
évaluable *(a.)*	**evaluable** *(a.)*
évaluation *(f.)*	estimación *(f.)* evaluación *(f.)* justiprecio *(m.)* valoración *(f.)*
évaluation des coûts	*estimación de costes*
évaluer *(v.tr.)*	evaluar *(v. tr.)* valorar *(v. tr.)* valuar *(v. tr.)*
événement *(m.)*	acontecimiento *(m.)* evento *(m.)*

éventualité *(f.)*	eventualidad *(f.)*
éventuel *(a.)*	eventual *(a.)*
évident *(a.)*	evidente *(a.)* obvio *(a.)*
évitable *(a.)*	evitable *(a.)*
éviter *(v. intr.et tr.)*	evitar *(v. tr.)*
évolutif *(a.)*	evolutivo *(a.)*
évolution *(f.)*	evolución *(f.)*
exact *(a.)*	exacto *(a.)*
exactitude *(f.)*	exactitud *(f.)*
exagéré *(a.)*	exagerado *(p. p.)*
exagérer *(v.intr.et tr.)*	exagerar *(v. tr.)*
examen *(m.)*	examen *(m.)*
examiner *(v.intr.et tr.)*	examinar *(v. tr.)*
excédent *(a.et m.)*	excedente *(a. y m.)* superávit *(m.)*
~de caisse	superávit de caja
~de capital	superávit de capital
excéder *(v.tr.)*	exceder *(v. tr.)*
excellent *(a.)*	óptimo *(a.)*
excepter *(v.tr.)*	exceptuar *(v. tr.)*
exception *(f.)*	excepción *(f.)* salvedad *(f.)*
excès *(m.)*	exceso *(m.)*
excessif *(a.)*	excesivo *(a.)*
exclure *(v.tr.)*	excluir *(v. tr.)*
exécutable *(a.)*	ejecutable *(a.)*
exécutant *(m. et a.)*	ejecutante *(a. y m.)*
exécuter *(v.tr.)*	ejecutar *(v. tr.)*
exécutif *(a. et m.)*	ejecutivo *(a. y m.)*
exemplaire *(a.)*	ejemplar *(a.)*
exemple *(m.)*	ejemplo *(m.)*
exempt *(a.)*	exento *(a.)*

exercice comptable	**ejercicio contable**
~financier	ejercicio financiero
~fiscale	año fiscal
exigeant (a.)	**exigente** (a.)
exigence (f.)	**exigencia** (f.)
exiger (v. tr.)	**exigir** (v. tr.)
~le paiement	exigir el pago
exigible (a.)	**exigible** (a.)
existence (f.)	**existencia** (f.)
existent (a.)	**existente** (a.)
expansif (a.)	**expansivo** (a.)
expansion (f.)	auge (m.) expansión (f.)
expansionniste (a.)	**expansionario** (a.)
expédier (v.tr.)	**remesar** (v. tr.)
expéditeur (m.)	expedidor (m.) remitente (p. a.)
expédition (f.)	despacho (m.) expedición (f.)
expert (m. et a.)	experto (a. y m.) perito (a. y s.) tasador (m.)
expertise (f.)	**peritación** (f.)
expliquer (v.tr.)	**explicar** (v.tr.)
exportateur (m. et a.)	**exportador** (a. y m.)
exportation (f.)	**exportación** (f.)
~de capital	exportación de capital
exposé (a.et m.)	**planteamiento** (m.)
exprimer (v.tr.)	**expresar** (v. tr.)
extension de l'hypothèque	**ampliación de hipoteca**
~d'un délai	prorrogar un plazo
extérieur (a.)	**exterior** (a.)
externe (a.)	**externo** (a.)
extrait (m.et a.)	**extracto** (m.)

~de compte   *extracto de cuenta*

Français	Espagnol
facturation *(f.)*	**facturación** *(f.)*
facture *(f.)*	**factura** *(f.)*
facturé *(a.)*	**facturado** *(p. p.)*
faiblesse *(f.)*	**debilidad** *(f.)*
faillir *(v. tr.)*	**incumplir** *(v. tr.)*
faillite *(f.)*	**quiebra** *(f.)*
~*bancaire*	*quiebra bancaria*
~*frauduleuse*	*quiebra fraudulenta*
faire faillite	**quebrar**
~*l'inventaire*	*hacer inventario*
faisabilité *(f.)*	**factibilidad** *(f.)*
falsificateur *(m.)*	**falsificador** *(m.)*
falsification *(f.)*	*falseamiento* *(m.)* *falsificación* *(f.)*
falsifié *(a.)*	**falseado** *(p. p.)*
falsifier *(v. tr.)*	**falsificar** *(v. tr.)*
fausse monnaie	*dinero falso* *moneda falsa*
fausser *(v. tr.)*	*falsear* *(v. tr.)* *tergiversar* *(v. tr.)*
fausseté *(f.)*	**falsedad** *(f.)*
faux *(m.)*	**falso** *(m.)*
~*billet*	*billete falso*
~*chèque*	*cheque falsificado*
faveur *(f.)*	**favor** *(m.)*
favorable *(a.)*	**favorable** *(a.)*
favorisé *(a.)*	**favorecido** *(a.)*
favoriser *(v. tr.)*	**favorecer** *(v. tr.)*
favoritisme *(m.)*	**favoritismo** *(m.)*

fermer *(v. tr.et intr.)*	**cerrar** *(v. tr.irreg.)*
~un compte	cerrar una cuenta
fiabilité *(f.)*	**fiabilidad** *(f.)*
fiable *(a.)*	**fiable** *(a.)*
fiche *(f.)*	**ficha** *(f.)*
~comptable	ficha contable
fichier *(m.)*	**fichero** *(m.)*
~de renseignements	fichero de informes
fidéicommis *(m.)*	**fideicomiso** *(m.)*
~actif	fideicomiso activo
~ avec dépôt de fonds	~ de fondos depositados
fidéicommissaire *(m.)*	**fideicomisario** *(m.)*
fidèle *(a.)*	**fiel** *(a.)*
fidélité *(f.)*	**fidelidad** *(f.)*
fiduciaire *(a.)*	**fiduciario** *(a.)*
figurer *(v. intr.et tr.)*	**constar** *(v. tr.)*
filiation *(f.)*	**filiación** *(f.)*
filtration *(f.)*	**filtración** *(f.)*
filtrer *(v. tr.et intr.)*	**filtrar** *(v. tr.)*
final *(a.)*	final *(a.)* terminante *(p. a.)*
finalité *(f.)*	**finalidad** *(f.)*
financement *(m.)*	financiación *(f.)* financiamiento *(m.)*
~à court terme	financiación a corto plazo
~à long terme	financiación a largo plazo
~à moyen terme	financiación a medio plazo
~d'autrui	financiación ajena
~ des exportations	financiación de exportaciones
~ des investissements	financiación de inversiones
financer *(v. tr.et intr.)*	financiar *(v. tr.)* sufragar *(v. tr.)*
finances *(f.)*	**finanzas** *(f. pl.)*

financier *(m.)*	**financiero** *(m.)*
finir *(v. intr.et tr.)*	acabar *(v. tr.e intr.)* finalizar *(v. tr.et intr.)*
fixe *(a.)*	**fijo** *(a.)*
fixer *(v. tr.)*	**fijar** *(v. tr.)*
~le prix	fijar el cambio
~un délai	fijar un plazo
flexibilité *(f.)*	**flexibilidad** *(f.)*
flexible *(a.)*	**flexible** *(a.)*
flottant *(a.)*	**flotante** *(p.a. y a.)*
flottation *(f.)*	**flotación** *(f.)*
fluctuant *(a.)*	**fluctuante** *(p.a.)*
fluctuation *(f.)*	**fluctuación** *(f.)*
~des prix	fluctuación de precios
~du marché	fluctuación de mercado
fluctuer *(v. intr.)*	**fluctuar** *(v. intr.)*
flux *(m.)*	**flujo** *(m.)*
~d'argent	flujo de dinero
~de l'encaisse	flujo de caja
fonctionnement *(m.)*	**funcionamiento** *(m.)*
fonctionner *(v. intr.)*	**funcionar** *(v. intr.)*
fondamental *(a.)*	**fundamental** *(a.)*
fondateur *(m.)*	**fundador** *(m.)*
~d'une société	fundador de una sociedad
fondation *(f.)*	**fundación** *(f.)*
fondé *(a.)*	**fundado** *(p.p. y a.)*
fondement *(m.)*	**fundamento** *(m.)*
fondements *(m.)*	**fundamentación** *(f.)*
fonder *(v. tr.)*	fundamentar *(v. tr.)* fundar *(v. tr.)*
fonds *(m.)*	**fondo** *(m.)*
~consolidé	fondo consolidado
~d´amortissement	fondo de amortización

~d´investissement	fondos de inversión
~de commerce	fondo de comercio
~de compensation	fondo de compensación
~de garantie	fondo de garantía
~de réserve	fondo de reserva
~de roulement	fondo de maniobra
~externes	fondos ajenos
~ Monétaire International	~ Monetario Internacional
fonds publics	**fondos públicos**
fongibles (a.)	**fungibles** (a.)
formalisation (f.)	**formalización** (f.)
formaliser (v. tr.)	**formalizar** (v. tr.)
formalisme (m.)	**formulismo** (m.)
formalité (f.)	**formalidad** (f.)
format (m.)	**formato** (m.)
forme (f.)	**forma** (f.)
formellement (adv.)	**formalmente** (adv.)
formulaire (m.)	**formulario** (m.)
formulation (f.)	**formulación** (f.)
fort (a.)	**fuerte** (a.)
fortune (f.)	caudal (m.) fortuna (f.)
fractionnaire (a.)	**fraccionario** (a.)
fractionnement (m.)	**fraccionamiento** (m.)
frais (m.pl.)	**gastos** (m.pl.)
~bancaires	gastos bancarios
~d´émission	gastos de emisión
~d´escompte	gastos de descuento
~d´établissement	gastos de apertura
~d'abonnement	cuota de suscripción
~de devises	gastos de divisas
~de garde	gastos de custodia
~financiers	gastos financieros

~généraux	*gastos generales*
~indirects	*gastos indirectos*
frappe *(f.)*	**acuñación** *(f.)*
frapper *(v.intr. et tr.)*	**acuñar** *(v. tr.)*
fraude *(f.)*	defraudación *(f.)* fraude *(m.)*
~à créanciers	*fraude a acreedores*
frauder *(v. intr. et tr.)*	**defraudar** *(v. tr.)*
fraudeur *(m.)*	**defraudador** *(m.)*
frauduleux *(a.)*	**fraudulento** *(a.)*
freiner *(v.tr. et intr.)*	**frenar** *(v. tr.)*
fréquence *(f.)*	**frecuencia** *(f.)*
fréquent *(a.)*	**frecuente** *(a.)*
fusionner *(v.intr.et tr.)*	**fusionar** *(v. tr.)*
futur *(m. et a.)*	**futuro** *(a. y m.)*

gagner

Français	Espagnol
gagner de l'argent	**ganar dinero**
~*des clients*	*ganar clientes*
gain *(m.)*	**ganancia** *(f.)*
garant *(a. et s.)*	afianzador *(m.)* fiador *(a. et m.)* garante *(a.y s.)*
garanti *(a.)*	afianzado *(p.p.)* garantizado *(a.)*
garantie *(f.)*	fianza *(f.)* garantía *(f.)*
~*absolue*	*garantía absoluta*
~*bancaire*	*garantía bancaria*
~*de paiement*	*fianza de pago*
~*hypothécaire*	*garantía hipotecaria*
~*intégrale*	*caución absoluta*
~*ordinaire*	*fianza ordinaria*
~*personnelle*	*garantía personal*
garantie réelle	*fianza real* *garantía real*
~*solidaire*	*fianza solidaria*
garantir *(v. tr.)*	afianzar *(v. tr.)* garantizar *(v. tr.)*
garde *(f.)*	**custodia** *(f.)*
garder *(v. tr.)*	**custodiar** *(v. tr.)*
gaspillage *(m.)*	derroche *(m.)* despilfarro *(m.)*
gaspiller *(v. intr.)*	derrochar *(v. tr.)* despilfarrar *(v. tr.)* malbaratar *(v. tr.)* malgastar *(v. tr.)*
gaspilleur *(m.)*	**derrochador** *(m.)*

généreux *(a.)*	generoso *(a.)*
gérance *(f.)*	gerencia *(f.)*
gérant *(m.)*	gerente *(m.)* gestor *(m.)*
~de banque	gerente de banco
gestion *(f.)*	gestión *(f.)*
~financière	gestión financiera
global *(a.)*	global *(a.)*
globalement *(adv)*	globalmente *(adv.)*
globaliser *(v. tr.)*	globalizar *(v. tr.)*
gloser *(v. intr.et tr.)*	glosar *(v. tr.)*
grand *(a.)*	grande *(a.)*
grand livre	libro mayor
grandeur *(f.)*	magnitud *(f.)*

haute

Français	Espagnol
haute *(a.)*	**alta** *(a.)*
~*cote*	*alta cotización*
hautes finances	**altas finanzas**
hebdomadaire *(a.)*	**semanal** *(a.)*
holding *(m.)*	**holding** *(m.)*
honnête *(a.)*	**honrado** *(a.)*
honnêteté *(f.)*	**honradez** *(f.)*
honneur *(m.)*	honor *(m.)* honra *(f.)*
honoraires *(m.pl.)*	**honorarios** *(m. pl.)*
hôtel de la monnaie	casa de la moneda ceca *(f.)*
hypothécable *(a.)*	**hipotecable** *(a.)*
hypothécaire *(a.)*	**hipotecario** *(a.)*
hypothèque *(f.)*	**hipoteca** *(f.)*
~*amortissable*	*hipoteca amortizable*
~*consolidée*	*hipoteca consolidada*
~*garantie*	*hipoteca garantizada*
~*mobilière*	*hipoteca mobiliaria*
hypothéqué *(a.)*	**hipotecado** *(p. p. y a.)*
hypothéquer *(v. tr.)*	**hipotecar** *(v. tr.)*
hypothèse *(f.)*	**hipótesis** *(f.)*

immobiliser

Français	Espagnol
immobiliser *(v. tr.)*	**inmovilizar** *(v. tr.)*
impayé *(a. et s.)*	impagado *(a.)* impago *(a. y m.)* pendiente de pago
impayer *(v. tr.)*	**impagar** *(v. tr.)*
important *(a.)*	**importante** *(a.)*
importateur *(s. et a.)*	**importador** *(a. y s.)*
importation *(f.)*	**importación** *(f.)*
importer *(v. intr.et tr.)*	**importar** *(v. tr. e intr.)*
imposable *(a.)*	**imponible** *(a.)*
imposer *(v. tr.)*	**imponer** *(v. tr.)*
impôt *(m.)*	**impuesto** *(m.)*
imprévu *(a.)*	**imprevisto** *(a.)*
improductif *(a.)*	**improductivo** *(a.)*
imprudence *(f.)*	**imprudencia** *(f.)*
imprudent *(a.)*	**imprudente** *(a.)*
inactif *(a.)*	**inactivo** *(a.)*
inactivité *(f.)*	**inactividad** *(f.)*
inadéquat *(a.)*	**inadecuado** *(a.)*
inadmissible *(a.)*	improcedente *(a.)* inadmisible *(a.)*
incentives *(m. pl.)*	**incentivos** *(m. pl.)*
incertain *(a.)*	**incierto** *(a.)*
incidence *(f.)*	**incidencia** *(f.)*
inclure *(v. tr.)*	**incluir** *(v. tr.)*
inconditionnel *(a.)*	**incondicional** *(a.)*
inconnu *(a.)*	**desconocido** *(a.)*
inconséquent *(a.)*	**inconsecuente** *(a.)*
inconsistance *(f.)*	**inconsistencia** *(f.)*
incontestable *(a.)*	**incuestionable** *(a.)*

incontrôlable (a.)	incontrolable (a.)
incorporé (a.)	incorporado (a.)
incorrect (a.)	incorrecto (a.)
incorrompu (a.)	incorrupto (a.)
incorruptible (a.)	incorruptible (a.)
incoterms (m.)	incoterms (m. pl.)
indécis (a.)	indeciso (a.)
indéfini (a.)	indefinido (a.)
indemnisable (a.)	indemnizable (a.)
indemnisation (f.)	indemnización (f.) resarcimiento (m.)
indemnisé (a.)	indemnizado (a.)
indemniser (v. tr.)	indemnizar (v. tr.) resarcir (v. tr.)
indéterminé (a.)	indeterminado (a.)
index (m.)	índice (m.)
indicateur (m.)	indicador (m.)
indice boursier	índice bursátil
~de prix	índice de precios
~de production	índice de producción
~Dow Jones	índice dow Jones
indiquer (v. tr.)	indicar (v. tr.)
indirect (a.)	indirecto (a.)
indiscutable (a.)	incontrovertible (a.) indiscutible (a.)
indisponibilité (f.)	indisponibilidad (f.)
indissoluble (a.)	indisoluble (a.)
indistinct (a.)	indistinto (a.)
individu (m.)	individuo (m.)
individualisation (f.)	individualización (f.)
indomiciliation (f.)	indomiciliación (f.)
indu (a.)	indebido (a.)
indubitable (a.)	indudable (a.) inequívoco (a.)

indûment (adv.)	**indebidamente** (adv.)
industrialisation (f.)	**industrialización** (f.)
industrie (f.)	**industria** (f.)
industriel (a.)	**industrial** (a.)
inefficacité (f.)	**ineficacia** (f.)
inertie (f.)	**inercia** (f.)
inespéré (a.)	**inesperado** (a.)
inestimable (a.)	**inestimable** (a.)
inévitable (a.)	**inevitable** (a.)
inexact (a.)	**inexacto** (a.)
inexigible (a.)	**inexigible** (a.)
inexistant (a.)	**inexistente** (a.)
inexpérience (f.)	**inexperiencia** (f.)
infalsifiable (a.)	**infalsificable** (a.)
inférieur (a.)	**inferior** (a.)
inflation (f.)	**inflación** (f.)
~cachée	inflación encubierta
~de coûts	inflación de costes
~galopante	inflación galopante
~lente	inflación lenta
~modérée	inflación moderada
~monétaire	inflación monetaria
~réprimé	inflación contenida
~structurelle	inflación estructural
inflationniste (a.)	inflacionario (a.) inflacionista (a.)
influer (v. intr.)	**influir** (v. tr.)
informateur (m.)	**informador** (m.)
information (f.)	**información** (f.)
~économique	información económica
~favorable	información favorable
informatique (f.)	**informática** (f.)

informer *(v. tr.et intr.)*	dictaminar *(v. intr.)* enterar *(v. tr.)* informar *(v. tr.)*
infrastructure *(f.)*	**infraestructura** *(f.)*
inhabituel *(a.)*	**infrecuente** *(a.)*
initiation *(f.)*	**iniciación** *(f.)*
initiative privée	**iniciativa privada**
initier *(v. tr.)*	**iniciar** *(v. tr.)*
injonction de payer	**mandamiento de pago**
innégociable *(a.)*	**innegociable** *(a.)*
inquiéter *(v. tr.)*	**inquietar** *(v. tr.)*
inquiétude *(f.)*	**inquietud** *(f.)*
insaisissabilité *(f.)*	**inembargabilidad** *(f.)*
inscriptible *(a.)*	**inscribible** *(a.)*
inscription *(f.)*	**inscripción** *(f.)*
insécurité *(f.)*	**inseguridad** *(f.)*
insinuation *(f.)*	**insinuación** *(f.)*
insinuer *(v. tr.)*	**insinuar** *(v. tr.)*
insister *(v. intr.)*	**instar** *(v. tr.)*
insolvabilité *(f.)*	**insolvencia** *(f.)*
~permanente	*insolvencia permanente*
~transitoire	*insolvencia transitoria*
insolvable *(a.)*	**insolvente** *(a.)*
insoutenable *(a.)*	**insostenible** *(a.)*
inspecter *(v. tr.)*	**inspeccionar** *(v. tr.)*
inspecteur *(m.)*	**interventor** *(a. y s.)*
instabilité *(f.)*	**inestabilidad** *(f.)*
~économique	*inestabilidad económica*
institution *(f.)*	**institución** *(f.)*
institutionnel *(a.)*	**institucional** *(a.)*
instructions *(f. pl.)*	**instrucciones** *(f. pl.)*
instrument *(m.)*	**instrumento** *(m.)*
instrumentation *(f.)*	**instrumentación** *(f.)*
insuffisant *(a.)*	**insuficiente** *(a.)*

intégral *(a.)*	integral *(a.)*
intégration *(f.)*	integración *(f.)*
intègre *(a.)*	íntegro *(a.)*
intensif *(a.)*	intensivo *(a.)*
intensification *(f.)*	intensificación *(f.)*
intensifier *(v. tr.)*	intensificar *(v. tr.)*
intention *(f.)*	propósito *(m.)*
interbancaire *(a.)*	interbancario *(a.)*
intercéder *(v. intr.)*	interceder *(v. intr.)*
interdire *(v. tr.)*	prohibir *(v. tr.)*
interdit *(m.et a.)*	prohibido *(p. p. y a.)*
intéressé *(a. et s.)*	interesado *(a. y s.)*
intérêt *(m.)*	interés *(m.)* rédito *(m.)*
~à court terme	interés a corto plazo
~à long terme	interés a largo plazo
~à payer	interés a pagar
~à recevoir	interés a cobrar
~brut	interés bruto
~composé	interés compuesto
~courant	interés corriente
~créancier	interés acreedor
~débiteur	interés deudor
~d'usure	interés de usura
~effectif	interés efectivo
~fixe	interés fijo
~hypothécaire	interés hipotecario
~illégal	interés ilegal
~légal	interés legal
~licite	interés lícito
~moratoire	interés de demora
~national	interés nacional
~net	interés neto

~public	*interés público*
intérêts *(m. pl.)*	**intereses** *(m. pl.)*
~courus	*intereses corridos*
~crédités	*intereses abonados*
~créditeurs	*intereses acreedores*
~débiteurs	*intereses deudores*
~différés	*intereses diferidos*
~échus	*intereses vencidos*
~en retard	*intereses atrasados*
~et capital	*capital e intereses*
~gagnés	*intereses ganados*
~moratoires	*intereses de demora*
~payés	*intereses pagados*
intermédiaire *(a. et s.)*	**intermediario** *(a. y s.)*
intermédiation *(f.)*	**intermediación** *(f.)*
international *(a.)*	**internacional** *(a.)*
interprétation erronée	**tergiversación**
interrogation *(f.)*	interrogación *(f.)* interrogante *(a.)*
interrompre *(v. tr.)*	**interrumpir** *(v. tr.)*
interruption *(f.)*	**interrupción** *(f.)*
intervenant *(a.)*	**interviniente** *(a.)*
intervenir *(v. intr.)*	intermediar *(v. intr.)* intervenir *(v. intr.)*
interventionnisme *(m.)*	**intervencionismo** *(m.)*
interventionniste *(a.)*	**intervencionista** *(a.)*
intervenu *(a.)*	**intervenido** *(p. p. y a.)*
intransmissible *(a.)*	**intransmisible** *(a.)*
intrusion *(f.)*	**intrusismo** *(m.)*
~professionnelle	*intrusismo profesional*
invalidation *(f.)*	**invalidación** *(f.)*
invalide *(a. et s.)*	**inválido** *(a. y s.)*
invalidé *(a.)*	**invalidado** *(a.)*

invalider *(v. tr.)*	**invalidar** *(v. tr.)*
invendable *(a.)*	**invendible** *(a.)*
inventaire *(m.)*	**inventario** *(m.)*
~final	inventario final
inventorier *(v. tr.)*	**inventariar** *(v. tr.)*
investi *(a.)*	**invertido** *(a., y p.p.)*
investigation *(f.)*	**investigación** *(f.)*
~de marché	investigación de mercado
investissement *(m.)*	**inversión** *(f.)*
~direct	inversión directa
~en valeurs mobilières	inversión en valores
~mobilier	inversión de valores
~net	inversión neta
investissements *(m. pl.)*	**inversiones** *(f. pl.)*
~ à long terme	inversiones a largo plazo
~ de portefeuille	inversiones de cartera
~directs	inversiones directas
~étrangers	inversiones extranjeras
investisseur *(s. et a.)*	**inversor** *(a. y s.)*
irrécouvrable *(a.)*	incobrable *(a.)* irrecuperable *(a.)*
irrégulier *(a.)*	**irregular** *(a.)*
irrémissible *(a.)*	**irremisible** *(a.)*
irréparable *(a.)*	**irreparable** *(a.)*
irréprochable *(a.)*	**intachable** *(a.)*

Français	*Espagnol*
jour non ouvrable	**día inhábil**
jour ouvrable	**día hábil**
juridiction *(f.)*	**incumbencia** *(f.)*
juridique *(a.)*	**jurídico** *(a.)*
juridiquement *(adv.)*	**jurídicamente** *(adv.)*
jurisconsulte *(m.)*	**jurisconsulto** *(m.)*
jusqu'à présent	**hasta la fecha**
juste *(a.)*	**justo** *(a.)*
justement *(adv.)*	**justamente** *(adv.)*
justice *(f.)*	**justicia** *(f.)*
justificatif *(a.et m.)*	**justificante** *(m.)*
~de caisse	*justificante de caja*
justification *(f.)*	**justificación** *(f.)*
justifié *(a.)*	**justificado** *(p. p.y a.)*
justifier *(v. tr.)*	**justificar** *(v. tr.e intr.)*

législation

Français	Espagnol
législation bancaire	**legislación bancaria**
~financière	legislación financiera
légitimité *(f.)*	**legitimidad** *(f.)*
lettre *(f.)*	**carta** *(f.)*
~acceptée en devise	letra en divisas
~circulaire	carta circular
~commerciale	carta comercial
lettre de change	**letra de cambio**
~à court terme	letra a corto plazo
~ à date fixe	letra a fecha fija
~ à long terme	letra a largo plazo
~à vue	letra a la vista
~acceptée	letra aceptada
~avalée	letra avalada
~avec intérêt	letra con interés
~bancable	letra bancable
~bancaire	letra bancaria
~commerciale	letra comercial
lettre de crédit *(f.)*	**carta de crédito** *(f.)*
~à vue	carta de crédito a la vista
~commercial	carta de crédito comercial
~confirmée	carta de crédito confirmada
~documentaire	~documentaria
~général	carta de crédito general
~irrévocable	~irrevocable
~non confirmé	~no confirmada
~renouvelable	carta de crédito renovable
~révocable	carta de crédito revocable
lettre de dépôt	carta de depósito

lettre de garantie	carta de garantía
lettre de réclamation	carta de reclamación
lettre documentaire	letra documentaria
lettre domiciliée	letra domiciliada
lettre extérieure	letra exterior
lettre financière	letra financiera
lettre intérieure	letra interior
lettre non payée	letra impagada
lettre payée	letra pagada
lettre protestée	letra protestada
lettre recommandée	carta certificada
lettre retraite	letra de resaca
lettres à payer	letras a pagar
lettres à recevoir	letras a cobrar
lettres du Trésor	letras del tesoro
lettres escomptées	letras descontadas
levage *(m.)*	**apalancamiento** *(m.)*
libeller *(v. tr.)*	**extender** *(v. tr.)*
~un chèque	extender un cheque
~un reçu	extender un recibo
libéralisation *(f.)*	**liberalización** *(f.)*
libéraliser *(v. tr.)*	**liberalizar** *(v. tr.)*
libéralisme *(m.)*	**liberalismo** *(m.)*
libéralité *(f.)*	**liberalidad** *(f.)*
ligne *(f.)*	**línea** *(f.)*
~de crédit	línea de crédito
limitation *(f.)*	**limitación** *(f.)*
limite *(f.)*	**límite** *(m.)*
limitée *(a.)*	**limitada** *(p. p. y a.)*
limiter *(v. tr.)*	**limitar** *(v. tr.)*
liquidateur *(m.)*	**liquidador** *(m.)*
~de la faillite	liquidador de la quiebra
liquidation *(f.)*	**liquidación** *(f.)*

liquidé (a.)	liquidado (a.)
liquider (v. tr.)	liquidar (v. tr.)
~une dette	liquidar una deuda
liquidité (f.)	liquidez (f.)
lire (v. tr./v.intr.)	leer (v. tr.)
liste (f.)	lista (f.)
~de changes	lista de cambios
littéral (a.)	literal (a.)
livraison (f.)	entrega (f.)
~ contre acceptation	entrega contra aceptación
~ contre paiement	entrega contra pago
livre (m. et f.)	libro (m.)
livre d'actions	libro de acciones
livre de bilans	libro de balances
livre de caisse	libro de caja
livre de comptes	libro de cuentas corrientes
livres de comptabilité	libros de contabilidad
livret (m.)	cartilla (f.)
livret bancaire	libreta bancaria
livret d'épargne	libreta de ahorros
localité (f.)	localidad (f.)
lock-out (m.)	lockout (m.)
logique (f.)	lógica (f.)
loi (f.)	ley (f.)
~budgétaire	ley presupuestaria
~cambiaire	ley cambiaria
long terme	largo plazo
lot (m.)	lote (m.)
~d'actions	lote de acciones
lucratif (a.)	lucrativo (a.)

mandat

Français	Espagnol
mandat postal	**orden de giro postal**
mandataire *(m.)*	apoderado *(a.)* mandatario *(m.)*
mandement *(m.)*	**mandamiento** *(m.)*
manque *(m.)*	**escasez** *(f.)*
manque d'argent	*escasez de dinero* *falta de dinero*
~d'acceptation	*falta de aceptación*
~de capital	*escasez de capital*
~de devises	*escasez de divisas*
~de dollars	*escasez de dólares*
~de liquidité	*falta de liquidez*
~de sérieux	*informalidad*
marchandises *(f. pl.)*	**mercaderías** *(f. pl.)*
marché *(m.)*	**mercado** *(m.)*
~à la baisse	*mercado bajista*
~à la hausse	*mercado alcista*
~à terme	*mercado a plazos*
~actif	*mercado activo*
~atone	*mercado átono*
~au comptant	*mercado al contado*
~boursier	*mercado bursátil*
~cambiaire	*mercado cambiario*
~contrôlé	*mercado controlado*
~d'obligations	*mercado de obligaciones*
~d'argent	*mercado de dinero*
~de capitaux	*mercado de capitales*
~de crédit	*mercado crediticio*
~de devises	*mercado de divisas*

~découragé	mercado desanimado
~des changes	mercado de cambios
~des valeurs	mercado de valores
~extérieur	mercado exterior
~favorable	mercado favorable
~firme	mercado firme
~fort	mercado fuerte
~hypothécaire	mercado hipotecario
~instable	mercado inestable
~interbancaire	mercado interbancario
~intérieur	mercado interior
~international	mercado internacional
~libre	mercado libre
~mondial	mercado mundial
~monétaire	mercado monetario
~noir	mercado negro
~officiel	mercado oficial
~ouvert	mercado abierto
~parallèle	mercado paralelo
~parfait	mercado perfecto
~potentiel	mercado potencial
~secondaire	mercado secundario
~spéculatif	mercado especulativo
marge *(f.)*	**margen** *(m.)*
marge de bénéfice	*margen comercial* *margen de beneficio*
marque *(f.)*	**marca** *(f.)*
matin *(m.)*	**mañana** *(adv.y f.)*
mauvaise foi	**mala fe**
maximum *(m.)*	**máximo** *(m.)*
médiateur *(m.)*	**mediador** *(m.)*
médiation *(f.)*	**mediación** *(f.)*
méfait *(m.)*	**mala acción**
meilleur *(a.)*	**mejor** *(a.)*

mémoire *(f.)*	memoria *(f.)*
mensualité *(f.)*	mensualidad *(f.)*
mensuel *(a.)*	mensual *(a.)*
mercantilisme *(m.)*	mercantilismo *(m.)*
mercantiliste *(s.)*	mercantilista *(s.)*
mettre à exécution	llevar a efecto
mettre au jour	poner al día
micro-économie *(f.)*	microeconomía *(f.)*
mineur *(a. et s.)*	menor de edad
minoration *(f.)*	minoración *(f.)*
minorer *(v. tr.)*	minorar *(v. tr.)*
minoritaire *(a.)*	minoritario *(a.)*
minorité *(f.)*	minoría *(f.)*
minute *(f.)*	minuta *(f.)*
minutie *(f.)*	minucia *(f.)*
mode *(f.)*	moda *(f.)*
modération *(f.)*	moderación *(f.)*
modéré *(a.)*	moderado *(a.)*
modérer *(v. tr.)*	moderar *(v. tr.)*
modernisation *(f.)*	modernización *(f.)*
modification *(f.)*	modificación *(f.)*
modifier *(v. tr.)*	modificar *(v. tr.)*
modique *(a.)*	módico *(a.)*
mois *(m.)*	mes *(m.)*
moment *(m.)*	momento *(m.)*
mondial *(a.)*	mundial *(a.)*
monétaire *(a.)*	monetaria *(a.)*
monétariste *(m.)*	monetarista *(m.)*
monétisation *(f.)*	monetización *(f.)*
monnaie *(f.)*	moneda *(f.)*
~convertible	moneda convertible
~d'argent	moneda de plata
~de cours légal	moneda de curso legal

~de cuivre	moneda de cobre
~dépréciée	moneda depreciada
~dévaluée	moneda devaluada
~divisionnaire	moneda fraccionaria
~d'or	moneda de oro
~étrangère	moneda extranjera
~faible	moneda débil
~fiduciaire	moneda fiduciaria
~forte	moneda fuerte
~métallique	moneda metálica
~nationale	moneda nacional
~stable	moneda estable
~surévaluée	moneda supervalorada
monopole (m.)	**monopolio** (m.)
monopole commercial	monopolio comercial
monopoliste (m.)	**monopolista** (m.)
montant (m.)	cuantía (f.) importe (m.)
~brut	importe bruto
montant minimum	importe líquido importe mínimo
~net	importe neto
~nominal	importe nominal
monts de piété	**monte de piedad**
mouvement (m.)	**movimiento** (m.)
~de capital	movimientos de capital
mouvoir (v. tr.et intr.)	**mover** (v. tr.e intr.)
moyen (m.)	**medio** (m.)
~de change	medio de cambio
~de communication	medio de comunicación
~de financement	modo de financiación
~de paiement	modo de pago
moyenne (f.)	media (f.) promedio (m.)

~pondérée	*media ponderada*
moyens de paiement	**medios de pagos**
multinational *(a.)*	**multinacional** *(a.)*
multiple *(a.)*	**múltiple** *(a.)*
multiplicande *(m.)*	**multiplicando** *(m.)*
multiplicateur *(m.)*	**multiplicador** *(m.)*
multiplication *(f.)*	**multiplicación** *(f.)*
multiplié *(a.)*	**multiplicado** *(a.)*
multiplier *(v. tr.)*	**multiplicar** *(v. tr.)*
mutuel *(a.)*	**mutuo** *(a.)*
mutuellement *(adv.)*	**mutuamente** *(adv.)*

nécessaire

Français	Espagnol
nécessaire *(a.)*	necesario *(a.)*
nécessité *(f.)*	necesidad *(f.)*
négation *(f.)*	negación *(f.)*
négative *(f.)*	negativa *(f.)*
négatoire *(a.)*	negatorio *(a.)*
négligence *(f.)*	negligencia *(f.)*
négligent *(a.)*	moroso *(a.)*
négociable *(a.)*	negociable *(a.)*
négociateur *(s.)*	negociador *(s.)*
négociation *(f.)*	negociación *(f.)*
négocié *(a.)*	negociado *(a. y m.)*
négocier *(v. intr.et tr.)*	gestionar *(v. intr.)* negociar *(v. intr.)*
net *(a.)*	neto *(a.)*
neuf *(a.)*	nuevo *(a.)*
neutre *(a.)*	neutral *(a.)*
niveau *(m.)*	nivel *(m.)*
~de cotisation	nivel de cotizaciones
~des prix	nivel de precios
nivelation *(f.)*	nivelación *(f.)*
niveler *(v. tr.)*	nivelar *(v. tr.)*
nom commercial	nombre comercial
nomenclature *(f.)*	nomenclatura *(f.)*
nominal *(a.)*	nominal *(a.)*
nominatif *(a.)*	nominativo *(a.)*
non accomplissement	falta de cumplimiento
non courant	incorriente *(a.)*
non-paiement	falta de pago
normal *(a.)*	normal *(a.)*

normaliser *(v. tr.)*	**normalizar** *(v. tr.)*
normalité *(f.)*	**normalidad** *(f.)*
normative *(f.)*	**normativa** *(f.)*
norme *(f.)*	**norma** *(f.)*
normes *(f. pl.)*	**normas** *(f. pl.)*
notarial *(a.)*	**notarial** *(a.)*
note *(f.)*	**nota** *(f.)*
~d'abonnement	*nota de abono*
~de débit	*nota de cargo*
~de liquidation	*nota de liquidación*
noter *(v. tr.)*	**anotar** *(v. tr.)*
notification *(f.)*	**notificación** *(f.)*
~de paiement	*comunicación de pago*
~de protêt	*aviso de protesto*
~ d'encaissement	*comunicación de cobro*
notifier *(v. tr.)*	**notificar** *(v. tr.)*
nouvelle *(a.et f.)*	**noticia** *(f.)*
nuire *(v. intr.)*	**perjudicar** *(v. tr.)*
nul *(a.)*	**nulo** *(a.)*
nullité *(f.)*	**nulidad** *(f.)*
numéro *(m.)*	**número** *(m.)*
numéroter *(v. tr.)*	**numerar** *(v. tr.)*

objectif

Français	Espagnol
objectif *(m. et a.)*	meta *(f.)* objetivo *(a. y s.)*
obligataire *(m.et f.)*	**obligacionista** *(m.y f.)*
obligation *(f.)*	**obligación** *(f.)*
~à court terme	obligación a corto plazo
~amortissable	obligación amortizable
~au porteur	obligación al portador
~conjointe	obligación mancomunada
~convertible	obligación convertible
~de paiement	obligación de pago
~garantie	obligación garantizada
~hypothécaire	obligación hipotecaria
~inconditionnelle	obligación incondicional
obligation nominative	obligación nominativa
~non amortissable	obligación no amortizable
~perpétuelle	obligación perpetua
~préfèrent	obligación preferente
obligations *(f. pl.)*	**obligaciones** *(f. pl.)*
~à court terme	obligaciones a corto plazo
~convertibles	obligaciones convertibles
~de l'acheteur	obligaciones del comprador
~différées	obligaciones diferidas
~du vendeur	obligaciones del vendedor
~financières	obligaciones financieras
obligatoire *(a.)*	**obligatorio** *(a.)*
obligé à payer	**obligado a pagar**
obliger *(v. tr.)*	**obligar** *(v. tr.)*
obtenir *(v. tr.)*	conseguir *(v. tr.)* lograr *(v. tr.)* obtener *(v.tr.)*

~bénéfices	obtener beneficios
~un crédit	conseguir crédito
~un prêt	conseguir un préstamo
obtention *(f.)*	**obtención** *(f.)*
occasion *(f.)*	ocasión *(f.)* oportunidad *(f.)*
occasionner *(v. tr.)*	**ocasionar** *(v. tr.)*
~des frais	ocasionar gastos
~des pertes	ocasionar pérdidas
octroi d'une garantie	**prestación de fianza**
octroyer *(v. tr.)*	**otorgar** *(v. tr.)*
~un contrat	otorgar un contrato
officiel *(a.)*	**oficial** *(a.)*
officieuse *(a.)*	**oficiosa** *(a.)*
officieusement *(adv.)*	**oficiosamente** *(adv.)*
offre *(f.)*	oferta *(f.)* ofrecimiento *(m.)*
~de capital	oferta del capital
~monétaire	oferta monetaria
offrir *(v. tr.)*	ofertar *(v. tr.)* ofrecer *(v. tr.)*
omission *(f.)*	**omisión** *(f.)*
onéreux *(a.)*	gravoso *(a.)* oneroso *(a.)*
opérant *(a.)*	**operativo** *(a.)*
opération *(f.)*	**operación** *(f.)*
~à terme	operación a plazo
~au comptant	operación al contado
~bancaire	operación bancaria
~boursière	operación bursátil
~ boursière à terme	operación de bolsa a plazo
~commerciale	operación comercial
~d´escompte	operación de descuento

~de bourse	operación de bolsa
~de change	operación de cambio
~de compensation	~de compensación
~de crédit	operación de crédito
~en transit	operación en camino
~garantie	operación respaldada
~invisible	operación invisible
~visible	operación visible
opérations actives	**operaciones activas**
~bancaires	operaciones bancarias
~de dépôt	operaciones de depósito
opérer *(v. tr.et intr.)*	**operar** *(v. tr.)*
opinion *(f.)*	**opinión** *(f.)*
opportun *(a.)*	**acertado** *(a.)*
optatif *(a.)*	**optativo** *(a.)*
optimisme *(m.)*	**optimismo** *(m.)*
option *(f.)*	**opción** *(f.)*
~d'achat	opción de compra
optionnel *(a.)*	**opcional** *(a.)*
or *(m.)*	**oro** *(m.)*
ordinaire *(a.)*	**ordinaria** *(a.)*
ordinateur *(m.)*	**computadora** *(f.)*
ordonnance *(f.)*	ordenación *(f.)* ordenamiento *(m.)*
ordonner *(v. tr.)*	**ordenar** *(v. tr.)*
ordre *(m.)*	**orden** *(f.)*
~à cours limité	orden de bolsa limitada
~boursier	orden bursátil
~de crédit	orden de abono
~d'encaissement	orden de cobro
~des créances	prelación de créditos
~limité	orden limitada
organisation *(f.)*	**organización** *(f.)*

organiser *(v. tr.)*	**organizar** *(v. tr.)*
organisme *(m.)*	**organismo** *(m.)*
orientation *(f.)*	**orientación** *(f.)*
orienter *(v. tr.)*	**orientar** *(v. tr.)*
original *(m. et a.)*	**original** *(a. y s.)*
origine *(f.)*	origen *(m.)* procedencia *(f.)*
oscillant *(a.)*	**oscilante** *(p. a.)*
oscillation *(f.)*	**oscilación** *(f.)*
~*du marché*	*oscilación del mercado*
oscillatoire *(a.)*	**oscilatorio** *(a.)*
osciller *(v. intr)*	**oscilar** *(v. intr.)*
oubli *(m.)*	**olvido** *(m.)*
oublier *(v. tr.)*	**olvidar** *(v. tr.)*
oui *(conj.)*	**si** *(conj.)*
ouvert *(a.)*	**abierto** *(a.)*
ouverture *(f.)*	**apertura** *(f.)*
~*d'un marché*	*apertura de un mercado*
ouvrir *(v. intr.et tr.)*	abrir *(v. tr.)* aperturar *(v. tr.)*
~*un compte*	*abrir una cuenta*
~*un crédit*	*abrir un crédito*

pacte

Français	Espagnol
pacte (m.)	**pacto** (m.)
page (f.)	**página** (f.)
paie (f.)	**paga** (f.)
paiement (m.)	pago (m.) abono (m.)
~à crédit	pago a plazo
~à terme	pago a plazos
~ à titre d´acompte	abono a cuenta
~à vue	pago a la vista
~additionnel	pago adicional
paiement anticipé	pago adelantado pago anticipado pago por adelantado
~comptant	pago al contado
~contre documents	pago contra documentos
~ contre remboursement	pago a reembolso
~d'avance	pago por anticipado
~de pensions	pago de pensiones
~de salaires	pago de salarios
~des dettes	pago de deudas
paiement différé	pago aplazado pago diferido
~d'intérêts	pago de intereses
~échelonné	pago escalonado
~en acompte	pago a cuenta
~en espèces	pago en efectivo
~fractionné	pago fraccionado
~immédiat	pago inmediato
~mensuel	pago mensual
~par chèque	pago por cheque

~par crédit bancaire	pago por crédito bancario
~partial	pago parcial
~ponctuel	pago puntual
paiements en attente	**abonos pendientes**
pallier *(v. tr.)*	**paliar** *(v. tr.)*
panique *(f.)*	**pánico** *(m.)*
panorama *(m.)*	**panorama** *(m.)*
paperasserie *(f.)*	**papeleo** *(m.)*
papier *(m.)*	**papel** *(m.)*
~boursier	papel bursátil
~commercial	papel comercial
~de collusion	papel de colusión
~direct	papel directo
~indirect	papel indirecto
~monnaie	papel moneda
paralyser *(v. tr.)*	**paralizar** *(v. tr.)*
paralysie *(f.)*	**paralización** *(f.)*
parapher *(v.tr.)*	**rubricar** *(v. tr.)*
pardonner *(v. tr.)*	**condonar** *(v. tr.)*
parier *(v. intr. et tr.)*	**apostar** *(v. tr. irreg.)*
paritaire *(a.)*	**paritario** *(a.)*
parité *(f.)*	**paridad** *(f.)*
~fixe	paridad fija
~monétaire	paridad monetaria
parité or	**paridad oro**
parquet *(m.)*	**parquet** *(m.)*
partage au prorata	**prorrateo** *(m.)*
partager au prorata	**prorratear** *(v. tr.)*
partial *(a.)*	**parcial** *(a.)*
participant *(m. et a.)*	**partícipe** *(s.)*
participation *(f.)*	**participación** *(f.)*
~aux bénéfices	~en beneficios
~en société	~en la sociedad

~étrangère	participación extranjera
~majoritaire	participación mayoritaria
participations *(f. pl.)*	**participaciones** *(f. pl.)*
participer *(v. intr.)*	**participar** *(v.tr.e intr.)*
partie *(f.)*	parte *(f.)* partida *(f.)*
passif *(m.)*	**pasivo** *(m.)*
~à court terme	pasivo a corto plazo
~à long terme	pasivo a largo plazo
~accumulé	pasivo acumulado
~circulant	pasivo circulante
~consolidé	pasivo consolidado
~courant	pasivo corriente
~déclaré	pasivo declarado
~exigible	pasivo exigible
~immobilisé	pasivo fijo
~réel	pasivo real
passivité *(f.)*	**pasividad** *(f.)*
patrimoine *(m.)*	**patrimonio** *(m.)*
patrimonial *(a.)*	**patrimonial** *(a.)*
patronal *(a.)*	**empresarial** *(a.)*
payable *(a.)*	a pagar pagable *(a.)* pagadero *(a.)*
~à l'ordre	pagadero a la orden
~à vue	pagadero a la vista
~au comptant	pagadero al contado
~au porteur	pagadero al portador
~par chèque	pagadero por cheque
payé *(a.)*	**pagado** *(p. p.)*
payer *(v. intr.et tr.)*	**pagar** *(v. tr.)*
~à terme	pagar a plazos
payer acompte	pagar a cuenta pagar un anticipo

payer au comptant	*abonar al contado* *pagar al contado*
~en avance	*pagar por adelantado*
~en espèces	*pagar en efectivo*
~en trop	*abonar de más*
~par chèque	*pagar con un cheque*
~ponctuellement	*pagar puntualmente*
~un chèque	*pagar un cheque*
~ une lettre de change	*pagar una letra*
payeur *(m. et a.)*	**pagador** *(a. y s.)*
~mis en demeure	*pagador moroso*
~ponctuel	*pagador puntual*
pays *(m.)*	**país** *(m.)*
pente *(f.)*	**declive** *(m.)*
pénurie *(f.)*	**carestía** *(f.)*
pénurie *(f.)*	*escasez* *(f.)* *penuria* *(f.)*
percepteur *(m.)*	**perceptor** *(m.)*
perception *(f.)*	**percepción** *(f.)*
percevable *(a.)*	**cobrable** *(a.)*
percevoir *(v. tr.)*	*percibir* *(v. tr.)* *recaudar* *(v. tr.)*
perdre *(v. tr. et intr.)*	**perder** *(v. tr. e intr.)*
~des clients	*perder clientes*
~la validité	*perder la validez*
perfectionner *(v. tr.)*	**perfeccionar** *(v. tr.)*
périmé *(a.)*	**caducado** *(a.)*
périmer *(v. intr.et tr.)*	**caducar** *(v. intr.)*
période base	**período base**
~comptable	*período contable*
~de carence	*período de carencia*
~de garantie	*período de garantía*
~de liquidation	*período de liquidación*

permettre *(v. tr.)*	**permitir** *(v. tr.)*
permutation *(f.)*	**permuta** *(f.)*
permuter *(v. tr.et intr.)*	**permutar** *(v. tr.)*
personne *(f.)*	**persona** *(f.)*
~juridique	persona jurídica
~physique	persona física
personnel *(a. et m.)*	**personal** *(a. y m.)*
~auxiliaire	personal auxiliar
~de bureau	personal de oficina
perspectives *(f. pl.)*	**perspectivas** *(f. pl.)*
~ d'accroissement	~de crecimiento
perte *(f.)*	pérdida *(f.)* quebranto *(m.)*
~brute	pérdida bruta
~comptable	pérdida contable
~de capital	pérdida de capital
~de la confiance	pérdida de confianza
~de la valeur	pérdida de valor
~directe	pérdida directa
~effective	pérdida efectiva
~financière	pérdida financiera
~nette	pérdida neta
~partielle	pérdida parcial
~réelle	pérdida real
~sensible	pérdida sensible
~totale	pérdida total
pertes brutes	pérdidas brutas
pertes et profits	pérdidas y ganancias
pertes nettes	pérdidas netas
petit *(a.)*	**pequeño** *(a.)*
petite caisse	caja de gastos menores
petite monnaie	dinero suelto
pétitionnaire *(s.)*	**peticionario** *(s.)*

pétrodollar *(m.)*	**petrodólar** *(m.)*
peu *(a./ adv.)*	**poco** *(a./ adv.)*
peur *(f.)*	**miedo** *(m.)*
place *(f.)*	**plaza** *(f.)*
placement *(m.)*	**inversión** *(f.)*
~à court terme	*inversión a corto plazo*
~à long terme	*inversión a largo plazo*
placement de capital	*colocación de capital* *inversión de capital*
~financier	*inversión financiera*
~réel	*inversión real*
~sûr	*inversión segura*
placer *(v. tr.)*	**colocar** *(v. tr.)*
plafond de change	**límite de cambio**
plainte *(f.)*	**queja** *(f.)*
plan *(m.)*	**plan** *(m.)*
~d'amortissement	*plan de amortización*
~de paiement	*plan de pago*
~de retraites	*plan de pensiones*
~d'investissement	*plan de inversión*
plan financier	*plan de financiación* *plan financiero*
planification *(f.)*	**planificación** *(f.)*
~à court terme	*planificación a corto plazo*
~à long terme	*planificación a largo plazo*
~économique	*planificación económica*
~financière	*planificación financiera*
planifié *(a.)*	**planificado** *(p. p.)*
planifier *(v. tr.)*	**planificar** *(v. tr.)*
pluralité *(f.)*	**pluralidad** *(f.)*
plus grand *(a.)*	**mayor** *(a.)*
plus-value *(f.)*	**plusvalía** *(f.)*
~de capital	*plusvalía de capital*

pointage *(m.)*	punteo *(m.)*
pointer *(v. tr.et intr.)*	puntear *(v. tr.e intr.)*
police d'assurance	**póliza de seguro**
~*déchue*	*póliza caducada*
police de réassurance	*póliza de reaseguro*
politique *(a.et s.)*	**política** *(f.)*
~*à court terme*	*política a corto plazo*
~*de crédit*	*política crediticia*
~*de l'entreprise*	*política de empresa*
~*de prix*	*política monetaria*
~*de réactivation*	*política de reactivación*
~*financière*	*política financiera*
ponctuel *(a.)*	**puntual** *(a.)*
pondération *(f.)*	**ponderación** *(f.)*
pondéré *(a.)*	**ponderado** *(p. p.)*
pondérer *(v. tr.)*	**ponderar** *(v. tr.)*
pool d'or	**pool de oro**
portefeuille de valeurs	**cartera de valores**
~*d'investissement*	*cartera de inversiones*
porter sur le journal	**asentar en el diario**
porteur *(m. et a.)*	dador *(a. y m.)* portador *(a. y s.)*
positif *(a.)*	**positivo** *(a.)*
position *(f.)*	posición *(f.)* postura *(f.)*
~*de crédit*	*posición acreedora*
~*débitrice*	*posición deudora*
posséder *(v. tr.)*	**poseer** *(v. tr.)*
possesseur *(m.)*	**poseedor** *(m.)*
~*de bonne foi*	*poseedor de buena fe*
~*de mauvaise foi*	*poseedor de mala fe*
possession *(f.)*	posesión *(f.)* tenencia *(f.)*

~de biens fond	posesión de bienes raíces
possessions *(f. pl.)*	**posesiones** *(f. pl.)*
possibilité *(f.)*	**posibilidad** *(f.)*
poste de bilan	**asiento** *(m.)*
postérieur *(a.)*	**posterior** *(a.)*
potentiel *(a.)*	**potencial** *(a.)*
~économique	potencial económico
pour la valeur	**por el valor**
pour le compte de...	**por cuenta de . . .**
pourcentage *(m.)*	**porcentaje** *m.)*
poursuivre *(v. tr.)*	**perseguir** *(v. tr.)* **prosequir** *(v. tr.)*
poussée *(f.)*	**empuje** *(m.)* **empujón** *(m.)*
pousser *(v.intr.et tr.)*	**empujar** *(v. tr.)* **impulsar** *(v. tr.)*
pouvoir *(m.)*	**poder** *(m.)* **potestad** *(f.)*
~de représentation	poder de representación
pouvoirs *(m.pl.)*	**poderes** *(m.pl.)*
préalable *(a.)*	**previa** *(a.)*
préalablement *(adv.)*	**anticipadamente** *(adv.)*
préavis *(m.)*	**preaviso** *(m.)*
précaire *(a.)*	**precario** *(a)*
précarité *(f.)*	**precariedad** *(f.)*
précaution *(f.)*	**precaución** *(f.)*
précautionneux *(a.)*	**precavido** *(a.)*
précision *(f.)*	**precisión** *(f.)*
prédiction *(f.)*	**predicción** *(f.)*
prédire *(v. tr.)*	**predecir** *(v. tr.)*
prédominance *(f.)*	**predominio** *(m.)*
prédominant *(a.)*	**predominante** *(p. a.)*
prédominer *(v. intr.)*	**predominar** *(v. tr.)*

préférence *(f.)*	**preferencia** *(f.)*
préférentiel *(a.)*	**preferencial** *(p. a.)*
préfinancement *(m.)*	**prefinanciación** *(f.)*
préjudice *(m.)*	**perjuicio** *(m.)*
préjudiciable *(a.)*	**perjudicial** *(a.)*
premier *(a.)*	**primero** *(a.)*
~paiement	primer pago
preneur *(m.)*	**tomador** *(m.)*
préparer *(v. tr.)*	**preparar** *(v. tr.)*
prescrire *(v. tr.et intr.)*	**prescribir** *(v. tr.)*
prescrit *(a.)*	**prescrito** *(p. p.)*
présenter *(v. tr.)*	**presentar** *(v. tr.)*
~à la signature	presentar a la firma
~à l'acceptation	presentar a la aceptación
~à l'encaissement	presentar al cobro
~à l'escompte	presentar al descuento
~une réclamation	presentar una reclamación
président *(m.)*	**presidente** *(m.)*
présider *(v. intr.et tr.)*	**presidir** *(v. tr.)*
presser *(v. tr.et intr.)*	**apretar** *(v. tr.)*
pression *(f.)*	**presión** *(f.)*
~fiscale	presión fiscal
prestige *(m.)*	**prestigio** *(m.)*
prêt *(m.)*	**préstamo** *(m.)*
~à court terme	préstamo a corto
~à long terme	préstamo a largo plazo
~à terme	préstamo a plazo
~à un jour	préstamo de un día
~bancaire	préstamo bancario
~d'argent	préstamo de dinero
~en devises	préstamo en divisas
~garanti	préstamo con garantía
~hypothécaire	préstamo hipotecario

~personnel	préstamo personal
~sans garantie	préstamo sin garantía
~sans intérêt	préstamo sin interés
~syndiqué	préstamo sindicado
prêté *(a.)*	**prestado** *(p. p.)*
prête-nom *(m.)*	**testaferro** *(m.)*
prétention *(f.)*	**pretensión** *(f.)*
prêter *(v. tr.et intr.)*	**prestar** *(v. tr.)*
~de l'argent	prestar dinero
~main-forte	prestar ayuda
prêteur *(s.)*	**prestador** *(m.)* prestamista *(m. y f.)*
preuve *(f.)*	**prueba** *(f.)*
prévenir *(v. tr.)*	**prevenir** *(v. tr.)*
prévision *(f.)*	**previsión** *(f.)*
~à court terme	previsión a corto plazo
~à long terme	previsión a largo plazo
~à moyen terme	previsión a plazo medio
prévisions du marché	**pronóstico del mercado**
prévoir *(v. tr.)*	**prever** *(v. tr.)*
prévoyant *(a.)*	**previsor** *(a.)*
prévu *(a.)*	**previsto** *(p. p. irr.)*
prier *(v. tr.et intr.)*	**rogar** *(v. tr.)*
prime *(f.)*	**prima** *(f.)*
~annuelle	prima anual
~brute	prima bruta
~d'amortissement	prima de amortización
~d'émission	prima de emisión
~payée	prima devengada
~unique	prima única
primordial *(a.)*	**primordial** *(a.)*
principal *(a. et s.)*	**principal** *(a. y s.)*
principalement *(adv.)*	**principalmente** *(adv.)*

prioritaire *(a.)*	**prioritario** *(a.)*
priorité *(f.)*	**prioridad** *(f.)*
privatisation *(f.)*	**privatización** *(f.)*
privatiser *(v. tr.)*	**privatizar** *(v. tr.)*
privilège *(m.)*	**privilegio** *(m.)*
privilégié *(a.)*	**privilegiado** *(a. y p. p.)*
prix *(m.)*	**precio** *(m.)*
prix à la basse	*precio en baja*
prix abusif	*precio demasiado alto*
prix actuel	*precio actual*
prix approximatif	*precio aproximado*
prix astronomique	*precio astronómico*
prix au comptant	*precio al contado*
prix autorisé	*importe autorizado*
prix avantageux	*precio ventajoso*
prix comptable	*precio contable*
prix convenu	*precio convenido*
prix d'achat	*precio de adquisición* *precio de compra*
prix d'offre	*precio de oferta*
prix de basse	*precio base*
prix de coût	*precio de coste*
prix de liquidation	*precio de liquidación*
prix de marché	*precio de mercado*
prix de sortie	*precio de salida*
prix de vente	*precio de venta*
prix du jour	*precio del día*
prix du marché	*precio del mercado*
prix en vigueur	*precio vigente*
prix exagéré	*precio alto*
prix excessif	*precio excesivo*
prix exorbitant	*precio exorbitante*
prix favorable	*precio favorable*

prix final	precio tope
prix fixe	precio fijado
prix fixe	precio fijo
prix garanti	precio garantizado
prix global	precio global
prix indicatif	precio indicativo
prix juste	precio justo
prix limite	precio límite
prix marqué	precio marcado
prix maximum	precio máximo
prix minimum	precio mínimo
prix modique	precio módico
prix moyen	precio medio
prix net	precio neto
prix nominal	precio nominal
prix officiel	precio oficial
prix payé	precio pagado
prix proposé	precio ofrecido
prix raisonnable	precio razonable
prix réel	precio real
prix rentable	precio rentable
prix ruineux	precio ruinoso
prix total	precio total
prix trop bas	precio demasiado bajo
prix unitaire	precio unitario
prix variable	precio variable
probabilité *(f.)*	**probabilidad** *(f.)*
probable *(a.)*	**probable** *(a.)*
probant *(a.)*	**convincente** *(a.)*
problème *(m.)*	**problema** *(m.)*
~économique	problema económico
procéder *(v. intr.)*	**proceder** *(v. intr.)*
~de bonne foi	actuar de buena fe

proclamation (f.)	proclamación (f.)
proclamer (v. tr.)	proclamar (v. tr.)
producteur (m.)	productor (m.)
productif (a.)	productivo (a.)
production annuelle	producción anual
productivité (f.)	productividad (f.)
produire (v. tr.et intr.)	producir (v. tr.)
~des intérêts	producir interés
produit (m.et a.)	producido (p. p.) producto (m.)
~brut	ganancia bruta
professionnel (a.)	profesional (a.)
profil du consommateur	perfil del consumidor
profit (m.)	provecho (m.)
profits (m.pl.)	ganancias (f. pl.)
~bruts	ganancias brutas
~extraordinaires	ganancias extraordinarias
~nets	ganancias netas
profonde (a.)	profundo (a.)
programmation (f.)	programación (f.)
programmé (a.)	programado (a. y p.p.)
programme (m.)	programa (m.)
~économique	programa económico
programmer (v. tr.et intr.)	programar (v. tr.)
progrès (m.)	progreso (m.)
progressif (a.)	progresivo (a.)
progression (f.)	avance (m.) progresión (f.)
progressive (a.)	progresiva (a.)
progressivité (f.)	progresividad (f.)
prohibitif (a.)	prohibitivo (a.)
prohibition (f.)	prohibición (f.)
projection (f.)	proyección (f.)

prolongation *(f.)*	**prolongación** *(f.)*
prolonger *(v. tr.)*	**prolongar** *(v. tr.)*
~la validité	prorrogar la validez
~le paiement	prolongar el pago
~un accord	prorrogar un acuerdo
promesse *(f.)*	**promesa** *(f.)*
~de paiement	promesa de pago
~formelle	promesa formal
prometteur *(a.)*	**prometedor** *(a.)*
promettre *(v.intr.et tr.)*	**prometer** *(v. tr.)*
promouvoir *(v. tr.)*	fomentar *(v. tr.)*
	impulsar *(v. tr.)*
	promover *(v. tr.)*
prompt *(a.)*	**pronto** *(a.)*
promulgation *(f.)*	**promulgación** *(f.)*
promulgué *(a.)*	**promulgado** *(a.)*
promulguer *(v. tr.)*	**promulgar** *(v. tr.)*
pronostic *(m.)*	**pronóstico** *(m.)*
proportion *(f.)*	**proporción** *(f.)*
proportionnalité *(f.)*	**proporcionalidad** *(f.)*
proportionnel *(a.)*	**proporcional** *(a.)*
proportionner *(v. tr.)*	**proporcionar** *(v. tr.)*
proposer *(v. intr.et tr.)*	**proponer** *(v. tr.)*
proposition *(f.)*	proposición *(f.)*
	propuesta *(f.)*
propriétaire *(s.)*	**propietario** *(m.)*
propriété *(f.)*	**propiedad** *(f.)*
prorogation *(f.)*	**prórroga** *(f.)*
~de paiement	prórroga de pago
~du terme	ampliación del plazo
~forcée	prórroga forzosa
proroger *(v.tr.)*	**prorrogar** *(v. tr.)*
~un effet de commerce	prorrogar una letra
prospérer *(v.intr.)*	medrar *(v. intr.)*

	prosperar *(v. tr. e intr.)*
prospérité *(f.)*	**prosperidad** *(f.)*
protection *(f.)*	**protección** *(f.)*
protectionnisme *(m.)*	**proteccionismo** *(m.)*
protectionniste *(s.)*	**proteccionista** *(s.)*
protéger *(v. tr.)*	**proteger** *(v. tr.)*
protestation *(f.)*	**protesta** *(f.)*
protester *(v. intr.)*	**protestar** *(v. tr.)*
protêt *(m.)*	**protesto** *(m.)*
~*faute d'acceptation*	~ *por falta de aceptación*
~*faute de paiement*	*protesto por falta de pago*
protocole *(m.)*	**protocolo** *(m.)*
provision *(f.)*	**provisión** *(f.)*
~*d'argent*	*provisión de fondos*
provisionnel *(a.)*	**provisional** *(a.)*
prudemment *(adv.)*	**prudentemente** *(adv.)*
prudence *(f.)*	**prudencia** *(f.)*
prudent *(a.)*	cauto *(a.)* prudente *(a.)*
public *(a.)*	**público** *(a.)*
publication *(f.)*	**publicación** *(f.)*
publicité *(f.)*	**publicidad** *(f.)*
~*directe*	*publicidad directa*
~*en presse*	*publicidad en prensa*
~*extérieure*	*publicidad exterior*
~*radiophonique*	*publicidad radiofónica*
~*trompeuse*	*publicidad engañosa*
publié *(a.)*	**publicado** *(a.)*
publier *(v. tr.)*	**publicar** *(v. tr.)*
publique *(a.)*	**pública** *(a.)*
publiquement *(adv.)*	**públicamente** *(adv.)*
punir *(v. tr.)*	**castigar** *(v. tr.)*

quantité

Français	Espagnol
quantité	**cantidad**
~maximum	*cantidad máxima*
~minimum	*cantidad mínima*
~moyenne	*cantidad media*
quelque *(a.)*	**alguno** *(a.)*
question *(f.)*	cuestión *(f.)* pregunta *(f.)*
questionnaire *(m.)*	**cuestionario** *(m.)*
questionner *(v. tr.)*	**preguntar** *(v. tr.)*
quittance	**carta de pago**

Français	Espagnol
rabattre du prix	**rebajar los precios**
rachat *(m.)*	**rescate** *(m.)*
raconter en détail	**pormenorizar** *(v. tr.)*
raisonnable *(a.)*	**razonable** *(a.)*
raisonnement *(m.)*	**razonamiento** *(m.)*
raisonner *(v. tr. et intr.)*	**razonar** *(v. tr. e intr.)*
ranimer *(v. tr.)*	**reanimar** *(v. tr.)*
rapide *(a.)*	**rápido** *(a.)*
rapidement *(adv.)*	**rápidamente** *(adv.)*
rapidité *(f.)*	**rapidez** *(f.)*
rapport *(m.)*	**informe** *(m.)*
rapport annuel	*informe anual*
	memoria anual
~boursier	*informe bursátil*
~confidentiel	*informe confidencial*
rapport d'expert	*informe de auditoría*
	informe pericial
~de marketing	*informe de mercados*
~financier	*informe financiero*
rapporter *(v.tr.et intr.)*	**devengar** *(v. tr.)*
~des intérêts	*devengar intereses*
rapports de crédit	**informes de crédito**
ratification *(f.)*	**ratificación** *(f.)*
ratifier *(v. tr.)*	ratificar *(v. tr.)*
	refrendar *(v. tr.)*
ratio *(m.)*	**ratio** *(m.)*
~d'actif net	*ratio de activo neto*
~de capital	*ratio de capital*
~de liquidité	*ratio de liquidez*
~d'espèce	*ratio de efectivo*

rattachable *(a.)*	vinculable *(a.)*
rattaché *(a.)*	vinculado *(p. p.)*
rattachement *(m.)*	vinculación *(f.)*
rature *(f.)*	raspadura *(f.)*
raviver *(v. tr.)*	reavivar *(v. tr.)*
réaction *(f.)*	reacción *(f.)*
réactivation *(f.)*	reactivación *(f.)*
réadmettre *(v. tr.)*	readmitir *(v. tr.)*
réadmission *(f.)*	readmisión *(f.)*
réajustement *(m.)*	reajuste *(m.)*
réajuster *(v. tr.)*	reajustar *(v. tr.)*
~les prix	reajustar los precios
réalisable *(a.)*	realizable *(a.)*
réalisation *(f.)*	realización *(f.)*
~ de plus-values	realización de plusvalías
réalisé *(a.)*	realizado *(p. p.)*
réaliser *(v. tr.)*	realizar *(v. tr.)*
~des bénéfices	realizar beneficios
~une opération	realizar una operación
réaliste *(a.)*	realista *(a.)*
réalité *(f.)*	realidad *(f.)*
récemment *(adv.)*	recientemente *(adv.)*
récépissé *(m.)*	resguardo *(m.)*
~de dépôt	resguardo de depósito
~de livraison	resguardo de entrega
récepteur *(m.)*	receptor *(m.)*
réception *(f.)*	recepción *(f.)*
récession *(f.)*	recesión *(f.)*
recette *(f.)*	ingreso *(m.)* recaudación *(f.)*
recettes *(f. pl.)*	ingresos *(m. pl.)*
~brutes	ingresos brutos
~nettes	ingresos netos

receveur *(m.)*	**cobrador** *(m.)*
recevoir *(v. tr.et intr.)*	**recibir** *(v. tr.)*
~*une avance*	*recibir un anticipo*
rechercher *(v. tr.)*	*averiguar* *(v. tr.e intr.)* *investigar* *(v. tr.)*
réciprocité *(f.)*	**reciprocidad** *(f.)*
réciproque *(a.)*	**recíproco** *(a.)*
réclamation *(f.)*	**reclamación** *(f.)*
~ *du paiement*	*reclamación del pago*
réclamé *(a.)*	**reclamado** *(p. p. y a.)*
réclamer *(v. tr.et intr.)*	**reclamar** *(v. intr.)*
~*à quelqu'un*	*reclamar a alguien*
~*le paiement*	*reclamar el pago*
~*une dette*	*reclamar una deuda*
recommandable *(a.)*	**recomendable** *(a.)*
recommandation *(f.)*	**recomendación** *(f.)*
recommandé *(a.)*	**recomendado** *(m.)*
recommander *(v. tr.)*	**recomendar** *(v. tr.irreg.)*
reconnaissance de dette	**reconocimiento de deuda**
~ *de signature*	*reconocimiento de firma*
reconsidérer *(v. tr.)*	**reconsiderar** *(v. tr.)*
recourir au garant	**recurrir al avalista**
recours économiques	**recursos económicos**
recouvrable *(a.)*	**recuperable** *(a.)*
recouvrement *(m.)*	*cobranza* *(f.)* *recobro* *(m.)* *recuperación* *(f.)*
~*de chèques*	*cobro de cheques*
recouvrer *(v. tr.)*	**recobrar** *(v. tr.)*
rectification *(f.)*	**rectificación** *(f.)*
rectifié *(a.)*	**rectificado** *(a.)*
rectifier *(v. tr.)*	**rectificar** *(v. tr.e intr.)*
~*à la hausse*	*rectificar en alza*
rectitude *(f.)*	**rectitud** *(f.)*

reçu (m.)	recibo (m.) resguardo (m.)
~de valeurs	resguardo de valores
~provisionnel	recibo provisional
~provisoire	resguardo provisional
reculer un paiement	**aplazar un pago**
récupéré (a.)	**recuperado** (p. p.)
récupérer (v. tr.)	**recuperar** (v. tr.)
reddition de comptes	**rendición de cuentas**
rédiger (v. tr.)	**redactar** (v. tr.)
~une police	extender una póliza
réduction (f.)	rebaja (f.) reducción (f.)
~de capital	reducción de capital
~de recettes	reducción de ingresos
~des prix	reducción de precios
~du capital social	~del capital social
~du prix	reducción del precio
~ du taux d'escompte	~ del tipo de descuento
réduire (v. tr.)	**reducir** (v. tr.)
~le capital social	reducir el capital social
~le taux d'intérêt	reducir el tipo de interés
~un crédit	reducir un crédito
réduit (a.)	**reducido** (p. p. y a)
réel (a.)	**real** (a.)
réescompte (f.)	**redescuento** (m.)
réévaluation (f.)	**revaluación** (f.)
réévalué (a.)	**revaluado** (p.p.)
références (f. pl.)	**referencias** (f. pl.)
~bancaires	referencias bancarias
~commerciales	referencias comerciales
refuge (m.)	**refugio** (m.)
refuser (v. tr.et intr.)	**rechazar** (v. tr.)
~le crédit	negar el crédito

~le paiement	rehusar el pago
~les conditions	rehusar condiciones
régime *(m.)*	**régimen** *(m.)*
~du marché	régimen de mercado
~économique	régimen económico
registre *(m.)*	**registro** *(m.)*
~d´actions	registro de acciones
~du commerce	registro mercantil
réglable *(m.et a.)*	**ajuste** *(m.)*
règle *(f.)*	**regla** *(f.)*
règlement *(m.)*	**reglamento** *(m.)*
réglementaire *(a.)*	**reglamentaria** *(a.)*
réglementation *(f.)*	**reglamentación** *(f.)*
réglementer *(v. tr.)*	**reglamentar** *(v. tr.)*
régler *(v. tr.)*	**regular** *(v. tr.)*
~une dette	cancelar una deuda
régularisation *(f.)*	**regularización** *(f.)*
~de bilans	~de balances
régulariser *(v. tr.)*	**regularizar** *(v. tr.)*
régulation *(f.)*	**regulación** *(f.)*
~des prix	regulación de precios
~du change	regulación del cambio
~du marché	regulación del mercado
réintégrable *(a.)*	**reintegrable** *(a.)*
réinvestir *(v. tr.)*	**reinvertir** *(v. tr.)*
réinvestissement *(m.)*	**reinversión** *(f.)*
relâchement *(m.)*	**relajación** *(f.)*
relâcher *(v. tr.et intr.)*	**relajar** *(v. tr.)*
relation *(f.)*	**relación** *(f.)*
~bancaire	relación bancaria
~de créanciers	relación de acreedores
relevant *(a.)*	**relevante** *(a.)*
relevé de comptes	**estado de cuenta**

relever *(v. tr.)*	**relevar** *(v. tr.)*
~le taux d'intérêt	elevar el tipo de interés
reliquat *(m.)*	**remanente** *(m.)*
remarquable *(a.)*	**relevante** *(a.)*
remboursable *(a.)*	**reembolsable** *(a.)*
remboursement *(m.)*	reembolso *(m.)* reintegro *(m.)*
rembourser *(v. tr.)*	**rembolsar** *(v. tr.)*
remède *(m.)*	**remedio** *(m.)*
remédier *(v. intr.)*	**remediar** *(v. tr.)*
remettre *(v. tr.)*	**reponer** *(v. tr.)*
remise *(f.)*	**remesa** *(f.)*
~ d´une peine ou dette	condonación *(f.)*
~de fonds	remesa de fondos
~documentaire	remesa documentaria
~en oeuvre	replanteamiento *(m.)*
~simple	remesa simple
remplir un formulaire	**llenar un formulario**
rémunération *(f.)*	**remuneración** *(f.)*
~en espèces	remuneración en efectivo
rémunérer *(v. tr.)*	**remunerar** *(v. tr.)*
rendement *(m.)*	**rendimiento** *(m.)*
~annuel	rendimiento anual
~brut	rendimiento bruto
~de base	rendimiento de base
~du capital	rendimiento del capital
~en espèces	rendimiento en efectivo
~moyen	rendimiento medio
~net	rendimiento neto
rendez - vous *(m.)*	**cita** *(f.)*
rendre *(v. tr.et intr.)*	**devolver** *(v. tr.)*
~compte	rendir cuentas
rendu *(m.)*	**devolución** *(f.)*

rendus *(m. pl.)*	**devoluciones** *(f. pl.)*
~des clients	devoluciones de clientes
renégociable *(a.)*	**renegociable** *(a.)*
renégociation *(f.)*	**renegociación** *(f.)*
renommée *(f.)*	**fama** *(f.)*
renouvelable *(a.)*	**renovable** *(a.)*
renouvelé *(a.)*	**renovado** *(p. p. y a.)*
renouveler *(v. tr.)*	**renovar** *(v. tr.)*
renouvellement *(m.)*	**renovación** *(f.)*
~du contrat	renovación de contrato
rentabilité *(f.)*	**rentabilidad** *(f.)*
~nette	rentabilidad neta
rentable *(a.)*	**rentable** *(a.)*
rente viagère	**renta vitalicia**
rentier *(m.)*	**rentista** *(m. y f.)*
réparable *(a.)*	**subsanable** *(a.)*
réparer *(v. tr.)*	**subsanar** *(v. tr.)*
répartir *(v. tr.)*	**repartir** *(v. tr.)*
~des actions	repartir acciones
répartition *(f.)*	**reparto** *(m.)*
répercussion *(f.)*	**repercusión** *(f.)*
répercuter *(v. tr.)*	**repercutir** *(v. intr. y tr.)*
répétition *(f.)*	**repetición** *(f.)*
réponse *(f.)*	respuesta *(f.)* contestación *(f.)*
reprendre *(v. tr. et intr.)*	**reanudar** *(v. tr.)*
~le paiement	reanudar el pago
représentation *(f.)*	**representación** *(f.)*
reprise *(f.)*	**reanudación** *(f.)*
~économique	recuperación económica
réprivatisation *(f.)*	**reprivatización** *(f.)*
réprobation *(f.)*	**reprobación** *(f.)*
requête *(f.)*	**requerimiento** *(m.)*

réquisition du paiement	**requerimiento al pago**
réserve consolidée	**reserva consolidada**
~d'argent	reserva de dinero
~de devises	reserva de divisas
~d'espèces	reserva de efectivo
~légale	reserva legal
~obligatoire	reserva obligatoria
~occulte	reserva oculta
~pour éventualités	~para eventualidades
réserve-or	reserva de oro
réserver *(v. tr.)*	**reservar** *(v. tr.)*
réserves *(f.pl.)*	**reservas** *(f.pl.)*
~bancaires	reservas bancarias
~ en monnaie étrangère	~en moneda extranjera
~latentes	reservas tácitas u ocultas
~légales	reservas legales
~obligatoires	reservas obligatorias
~statutaires	reservas estatutarias
résidence *(f.)*	**residencia** *(f.)*
résident *(m.)*	**residente** *(s.)*
résider *(v. intr.)*	**residir** *(v. intr.)*
résidu *(m.)*	**residuo** *(m.)*
résiduel *(a.)*	**residual** *(a.)*
résolution *(f.)*	**resolución** *(f.)*
résorber *(v. tr.)*	**enjugar** *(v. tr.)*
résoudre *(v. tr.)*	**resolver** *(v. tr.)*
respecter *(v. tr.)*	acatar *(v. tr.)* respetar *(v. tr.e intr.)*
~ le délai de livraison	respetar el plazo de entrega
respectueux *(a.)*	**respetuoso** *(a.)*
respiration *(f.)*	**respiro** *(m.)*
responsabilité *(f.)*	**responsabilidad** *(f.)*
~ économique	~económica

~illimitée	responsabilidad ilimitada
~légale	responsabilidad legal
~solidaire	responsabilidad solidaria
responsable *(a.)*	**responsable** *(a.)*
ressources externes	**recursos ajenos**
~propres	recursos propios
restituable *(a.)*	**restituible** *(a.)*
restituer *(v. tr.)*	**devolver** *(v. tr.)*
résultats *(m. pl.)*	**resultados** *(m. pl.)*
résumé *(m.)*	**resumen** *(m.)*
résumer *(v. tr.)*	extractar *(v. tr.)* resumir *(v. tr.)*
rétablissement *(m.)*	**restablecimiento** *(m.)*
retard *(m.)*	demora *(f.)* mora *(f.)* morosidad *(f.)*
~dans le paiement	retraso en el pago
retardataire *(a.)*	**retrasado** *(a. y s.)*
retarder *(v.intr.et tr.)*	demorar *(v. tr.e intr.)* retardar *(v. tr.)* retrasar *(v. tr.)*
~le paiement	retardar el pago
retenir *(v.tr. et intr.)*	**retener** *(v. tr.irreg.)*
rétention *(f.)*	**retención** *(f.)*
retirer *(v. tr.)*	retirar *(v. tr.)* sacar *(v. tr.)*
~de l'argent	retirar dinero
retourné *(a.)*	**devuelto** *(a.)*
rétractation *(f.)*	**revocación** *(f.)*
rétribué *(a.)*	**retribuido** *(p.p.)*
rétribuer *(v. tr.)*	**retribuir** *(v. tr.)*
rétributions *(f.pl.)*	**retribuciones** *(f.pl.)*
rétroactif *(a.)*	**retroactivo** *(a.)*
revalorisation *(f.)*	**revalorización** *(f.)*
revalorisé *(a.)*	**revalorizado** *(p. p.)*

revaloriser (v. tr.)	**revalorizar** (v. tr.)
~une monnaie	revalorizar una moneda
revendication (f.)	**reivindicación** (f.)
revendiquer (v. tr.)	**reivindicar** (v. tr.)
revenu (m.)	rédito (m.) renta (f.)
~différentiel	renta diferencial
~économique	renta económica
~fixe	renta fija
révisé (a.)	**revisado** (p. p.)
réviser (v. tr.)	**revisar** (v. tr.)
~un compte	revisar una cuenta
révision (f.)	**revisión** (f.)
révision générale	revisión general
révocabilité (f.)	**revocabilidad** (f.)
révocable (a.)	**revocable** (a.)
révocation d'un contrat	**revocación de un contrato**
riche (a.)	**rico** (a.)
richesse (f.)	**riqueza** (f.)
rigide (a.)	**rígido** (a.)
rigidité (f.)	**rigidez** (f.)
rigoureux (a.)	**riguroso** (a.)
rigueur (f.)	**rigor** (m.)
risque (m.)	**riesgo** (m.)
risqué (a.)	**arriesgado** (a.)
risque de change	**riesgo de cambio**
~de crédit	riesgo de crédito
~économique	riesgo económico
~en cours	riesgo en curso
~financier	riesgo financiero
risquer (v. tr.)	arriesgar (v. tr.) aventurar (v. tr.)
risquer de (v. pron.)	**arriesgarse** (v. pron.)
rôle du personnel	**plantilla del personal**

routine *(f.)*	**rutina** *(f.)*
routinier *(a.)*	**rutinario** *(a.)*
royalties *(f.pl.)*	**royalties** *(m. pl.)*
rubrique *(f.)*	**rúbrica** *(f.)*
rue *(f.)*	**calle** *(f.)*
ruine *(f.)*	ruina *(f.)* arruinamiento *(m.)*
ruiner *(v.tr.)*	**arruinar** *(v.tr.)*
ruineux *(a.)*	**ruinoso** *(a.)*
rumeur *(f.)*	**rumor** *(m.)*
ruse *(f.)*	**engaño** *(m.)*

sain

Français	Espagnol
sain *(a.)*	saneado *(a.)*
saisi *(a.)*	embargado *(a.)*
saisie *(f.)*	embargo *(m.)*
saisir *(v. tr.)*	embargar *(v. tr.)*
saison *(f.)*	temporada *(f.)*
salaire *(m.)*	jornal *(m.)* salario *(m.)* sueldo *(m.)*
~annuel	*sueldo anual*
~base	*salario base*
~brut	*salario bruto*
~échu	*salario devengado*
~en espèces	*salario en efectivo*
~mensuel	*salario mensual* *sueldo mensual*
~minimum	*salario mínimo*
~net	*salario neto*
salarial *(a.)*	salarial *(a.)*
salariés *(a.)*	asalariados *(a.)*
sans avis	sin aviso
sans bonification	sin descuento
sans commission	sin comisión
sans créditer	sin abonar en cuenta
sans débiter	sin cargar en cuenta
sans frais	sin gastos
sans intérêt	sin interés
sans pertes	sin pérdidas
satisfaction *(f.)*	satisfacción *(f.)*
saturation *(f.)*	saturación *(f.)*
~du marché	*saturación del mercado*

saturer *(v.tr.)*	saturar *(v.tr.)*
sauf erreur ou omission	salvo error u omisión
savoir *(v. tr./ v.i.)*	saber *(v. tr. e intr.)*
scandaleux *(a.)*	escandaloso *(a.)*
secret *(m.)*	secreto *(m.)*
~bancaire	secreto bancario
~professionnel	secreto profesional
secrétaire *(m.)*	secretaria *(m.)*
~général	secretario general
secrétariat *(m.)*	secretaría *(f.)*
secteur bancaire	sector bancario
sécurité *(s.)*	seguridad *(f.)*
sélectionné *(a.)*	seleccionado *(a. y p. p.)*
sélectionner *(v. tr.)*	seleccionar *(v. tr.)*
sélective *(a.)*	selectiva *(a.)*
selon *(prep.)*	según *(prep.)*
semaine *(f.)*	semana *(f.)*
semestriel *(a.)*	semestral *(a.)*
sensé *(a.)*	sensato *(a.)*
sensible *(a.)*	sensible *(a.)*
sérieux *(a.et s.)*	cumplidor *(a.)*
seul *(a.)*	solo *(a.)*
sévère *(a.)*	severo *(a.)*
siège *(m.)*	sede *(f.)*
signaler *(v. tr.)*	señalar *(v. tr.)*
signataire *(a. et s.)*	firmante *(m. y f.)*
signature *(f.)*	firma *(f.)*
~autorisée	firma autorizada
~conforme	firma conforme
~conjointe	firma conjunta
~sociale	firma social
signer *(v. tr.)*	firmar *(v. tr.)*
~en blanc	firmar en blanco

~un pouvoir	firmar por poder
signifier un protêt	**notificar un protesto**
similaire (a.)	**similar** (a.)
simple (a.)	sencillo (a.) simple (a.)
simplement (adv.)	**sencillamente** (adv.)
simplification (f.)	**simplificación** (f.)
sincère (a.)	**sincero** (a.)
sincèrement (adv.)	**sinceramente** (adv.)
sincérité (f.)	**sinceridad** (f.)
situation (f.)	**situación** (f.)
~de caisse	estado de situación
~du marché	situación del mercado
~économique	situación económica
~financière	situación financiera
société anonyme	**compañía anónima**
société anonyme	sociedad anónima
~commerciale	sociedad mercantil
~étrangère	sociedad extranjera
~financière	sociedad financiera
soigner (v. tr.)	**cuidar** (v. tr.)
soigneusement (adv.)	**cuidadosamente** (adv.)
soigneux (a.)	**cuidadoso** (a.)
soin (m.)	**cuidado** (m.)
solde (m.)	**saldo** (m.)
solde bancaire	saldo bancario
~créditeur	saldo acreedor
~de compte	saldo de cuenta
~débiteur	saldo deudor
~d'un compte	saldo de una cuenta
~échu	saldo vencido
~final	saldo final
~négatif	saldo negativo

~net	*saldo líquido*
solder *(v. tr.)*	**saldar** *(v. tr.)*
solder un compte	*finiquitar (v. tr.)* *saldar una cuenta*
~*une dette*	*saldar una deuda*
solidaire *(a.)*	**solidario** *(a.)*
solidairement *(adv.)*	**solidariamente** *(adv.)*
solide *(a.)*	**sólido** *(a.)*
solidité *(f.)*	**solidez** *(f.)*
sollicitant *(s.)*	**solicitante** *(s.)*
sollicité *(a.)*	**solicitado** *(p. p.)*
solliciter *(v. tr.)*	**solicitar** *(v.tr.)*
solvabilité *(f.)*	**solvencia** *(f.)*
solvable *(a.)*	**solvente** *(p. a. y a.)*
somme *(f.)*	**suma** *(f.)*
~*au découvert*	*suma en descubierto*
~*brute*	*suma en bruto*
~*estimée*	*suma estimada*
~*globale*	*suma global*
~*liquide*	*cantidad líquida*
~*payée*	*suma pagada*
~*totale*	*suma total*
sondage *(m.)*	**sondeo** *(m.)*
sonder *(v. tr.)*	**sondear** *(v. tr.)*
sortie *(f.)*	**salida** *(f.)*
~*d'argent*	*salida de efectivo*
~*de capital*	*salida de capital*
~*de devises*	*salida de divisas*
~*de caisse*	*salidas de caja*
~*de l'argent*	*sacar dinero*
souligner *(v.tr.)*	*recalcar (v. tr.)* *subrayar (v. tr.)*
sous pair	**bajo par**
sous-compte *(m.)*	**subcuenta** *(f.)*

souscripteur (m.)	suscriptor (m.)
souscription (f.)	suscripción (f.)
souscrit (a.)	suscrito (p. p.)
sous-développement (m.)	subdesarrollo (m.)
sous-directeur (m.)	subdirector (m.)
sous-estimation (f.)	subestimación (f.)
sous-estimer (v. tr.)	subestimar (v. tr.)
sous-évalué (a.)	subvalorado (a.)
sous-évaluer (v. tr.)	infravalorar (v. tr.)
soussigné (a.)	abajo firmante infrascrito (a. y s.)
sous-total (m.)	subtotal (m.)
soustraction (f.)	sustracción (f.)
soustraire (v. tr.)	restar (v. tr.) sustraer (v. tr.)
soutenable (a.)	sostenible (a.)
soutenance (f.)	sostenimiento (m.)
soutenir (v. tr.)	sostener (v. tr.) sustentar (v. tr.)
~le marché	sostener el mercado
~les prix	sostener los precios
~une monnaie	sostener una moneda
soutien (m.)	sostén (m.)
spécial (a.)	especial (a.)
spécialisé (a.)	especializado (a.)
spécialiste (a.)	especialista (a.)
spécialité (f.)	especialidad (f.)
spécifier (v. tr.)	especificar (v. tr.)
spéculateur (m.)	especulador (m.)
~boursier	especulador bursátil
spéculatif (a.)	especulativo (a.)
spéculation (f.)	especulación (f.)
spéculer (v. intr.)	especular (v. tr. e intr.)
~à la baisse	especular a la baja
~à la hausse	especular al alza

stabilisation (f.)	estabilización (f.)
stabilisé (a.)	estabilizado (a. y p. p.)
stabiliser une monnaie	estabilizar una moneda
stabilité (f.)	estabilidad (f.)
~des prix	estabilización de precios
~économique	estabilidad económica
~monétaire	estabilidad monetaria
stable (a.)	estable (a.)
stagflation (f.)	estanflación (f.)
stagnation (f.)	estancamiento (m.)
statistique (a.et f.)	estadística (f.)
~de prix	estadística de precios
statut (m.)	estatuto (m.)
statutaire (a.)	estatutario (a.)
stimulant (m.)	incentivo (m.)
stimulation (f.)	estímulo (m.)
stimuler (v. tr.)	estimular (v. tr.)
stipulation (f.)	estipulación (f.)
stipulé (a.)	estipulado (a.)
stipuler (v. tr.)	estipular (v. tr.)
stratégie (f.)	estrategia (f.)
stratégique (a.)	estratégico (a.)
strict (a.)	estricto (a.)
structure (f.)	estructura (f.)
structurel (a.)	estructural (a.)
structurer (v. tr.)	estructurar (v. tr.)
subordonner (v. tr.)	posponer (v. tr.)
succès (m.)	éxito (m.)
succursale (f.)	sucursal (f.)
~bancaire	sucursal bancaria
~de banque	sucursal de banco
suffisant (a.)	bastante (a.)
suggérer (v. tr.)	sugerir (v. tr.)

suggestion *(f.)*	sugerencia *(f.)*
suite *(f.)*	seguimiento *(m.)*
suivre *(v.intr.et tr.)*	seguir *(v. tr.irreg.)*
supplément de crédit	ampliación de crédito
sûrement *(adv.)*	seguramente *(adv.)*
surévalué *(a.)*	sobrevalorado *(a.)*
surévaluer *(v. tr.)*	sobrevalorar *(v. tr.)*
surmonter *(v.tr.)*	superar *(v. tr.)*
surprenant *(a.)*	sorprendente *(a.)*
surprendre *(v. tr.)*	sorprender *(v. tr.)*
surprise *(f.)*	sorpresa *(f.)*
sursis de paiement	aplazamiento de pago
surveillance *(f.)*	vigilancia *(f.)*
surveiller *(v. tr.)*	vigilar *(v. intr.)*
syndic *(m.)*	síndico *(m.)*
syndicat *(m.)*	sindicato *(m.)*
~bancaire	*sindicato bancario*
système *(m.)*	sistema *(f.)*
~bancaire	*sistema bancario*
~capitaliste	*sistema capitalista*
~compétitif	*sistema competitivo*
~comptable	*sistema contable*
~financier	*sistema financiero*
~monétaire	*sistema monetario*

tableau

Français	Espagnol
tableau *(m.)*	**tabla** *(f.)*
~financier	*tabla financiera*
tandis *(adv.)*	**mientras** *(adv.)*
taux *(m.)*	*tasa (f.)* *tipo (m.)*
~annuel	*tasa anual*
~cours de change fixe	*tipo de cambio fijo*
~cours flottant	*tipo de cambio flotante*
~d'escompte	*tipo de redescuento*
~d'achat	*tipo de compra*
~d'amortissement	*tasa de amortización*
~de base	*tipo básico*
~de change	*tasa de cambio*
~de commission	*tipo de comisión*
~d'escompte	*tipo de descuento*
~d'intérêt	*tipo de interés*
~légal	*tipo legal*
~minimum	*tasa mínima*
~net	*tasa neta*
~réel	*tasa real*
télégestion *(f.)*	**teleproceso** *(m.)*
télégramme *(m.)*	**telegrama** *(m.)*
télégraphier *(v.intr.et tr.)*	**telegrafiar** *(v. tr.)*
téléphone *(m.)*	**teléfono** *(m.)*
téléphoner *(v. tr.et intr.)*	**telefonear** *(v. tr.)*
téléphonique *(a.)*	**telefónico** *(a.)*
téméraire *(a.)*	**temerario** *(a.)*
témérité *(f.)*	**temeridad** *(f.)*
tendance *(f.)*	**tendencia** *(f.)*

~à la baisse	tendencia a la baja
~à la hausse	tendencia al alza
~à la hausse	tendencia alcista
~du marché	tendencia del mercado
~économique	tendencia económica
teneur (m.)	**tenedor** (m.)
tension (f.)	**tensión** (f.)
tenter (v. tr.et intr.)	**intentar** (v. tr.)
tenue de livres (f.)	**teneduría de libros** (f.)
terme (m.)	**término** (m.)
~de souscription	plazo de suscripción
terminé (a.)	**terminado** (p. p.)
terminer (v.tr.)	**terminar** (v. tr. e intr.)
test (m.)	**test** (m.)
texte (m.)	**texto** (m.)
textuel (a.)	**textual** (a.)
théorique (a.)	**teórico** (a.)
thésaurisation (f.)	**atesoramiento** (m.)
ticket (m.)	comprobante (m.) ticket (m.)
timbrage (m.)	**estampillado** (m.)
~d´actions	sellado de acciones
tirage (m.)	libramiento (m.) libranza (f.)
tiré (m.et a.)	girado (a.) librado (m.)
tirelire	**hucha** (f.)
tirer (v. tr.et intr.)	**librar** (v. tr.)
~à découvert	girar en descubierto
~un chèque	librar un cheque
tireur (m.)	girador (m.) librador (m.)
titre (m.)	**título** (m.)
~à l'ordre	título a la orden
~au porteur	título al portador

~de propriété	*título de propiedad*
~de société	*escritura de sociedad*
~du signataire	*antefirma (f.)*
~négociable	*título negociable*
~nominal	*título nominal*
~nominatif	*título nominativo*
titres valeurs	**títulos valores**
titulaire (s. et a.)	**titular** (a. y s.)
~d'un compte	*titular de cuenta*
titularisation (f.)	**titularidad** (f.)
tolérance (f.)	**tolerancia** (f.)
tolérant (a.)	**tolerante** (a.)
tolérer (v. tr.)	**tolerar** (v. tr.)
total (a. et m.)	**total** (a.y s.)
~des ventes	*total de ventas*
totalement (adv.)	**totalmente** (adv.)
totalité (f.)	**totalidad** (f.)
toucher (v. intr.et tr.)	**cobrar** (v. tr.)
~un chèque	*cobrar un cheque*
traducteur (m.)	**traductor** (m.)
traduire (v. tr.)	**traducir** (v. tr.)
traité (m.)	**tratado** (m.)
~commercial	*tratado comercial*
~de commerce	*tratado de comercio*
tranquillité (f.)	**tranquilidad** (f.)
transaction (f.)	**transacción** (f.)
~bancaire	*transacción bancaria*
~boursière	*transacción bursátil*
~financière	*transacción financiera*
transférable (a.)	**transferible** (a.)
transférer (v. tr.)	**transferir** (v. tr.)
transfert (m.)	transferencia (f.) transferente (m.) traspaso (m.)

~à un compte	*transferencia a cuenta*
~bancaire	*transferencia bancaria*
~de bénéfices	*transferencia de beneficios*
~de capital	*transferencia de capital*
~de devises	*transferencia de divisas*
~ordinaire	*transferencia ordinaria*
~postal	*transferencia postal*
~télégraphique	*transferencia telegráfica*
~téléphonique	*transferencia telefónica*
transmissibilité *(f.)*	**transmisibilidad** *(f.)*
transmissible *(a.)*	**transmisible** *(a.)*
transmission *(f.)*	**transmisión** *(f.)*
transport *(m.)*	**transporte** *(m.)*
transporteur *(m.)*	**transportista** *(m.)*
travail *(m.)*	**trabajo** *(m.)*
travailler *(v. intr.)*	**trabajar** *(v. intr.)*
travailleur *(m.)*	**trabajador** *(m.)*
trésorerie *(f.)*	**tesorería** *(f.)*
trésorier *(m.)*	**tesorero** *(m.)*
trimestre *(m.)*	**trimestre** *(m.)*
trimestriel *(a.)*	**trimestral** *(a.)*

unanime

Français	Espagnol
unanime *(a.)*	**unánime** *(a.)*
unanimement *(adv.)*	**unánimemente** *(adv.)*
unanimité *(f.)*	**unanimidad** *(f.)*
unifier *(v. tr.)*	**unificar** *(v. tr.)*
union *(f.)*	**unión** *(f.)*
~économique	*unión económica*
~monétaire	*unión monetaria*
unipersonnel *(a.)*	**unipersonal** *(a.)*
unique *(a.)*	**único** *(a.)*
urgence *(f.)*	**urgencia** *(f.)*
urgent *(a.)*	**urgente** *(a.)*
usager *(m.)*	**usuario** *(m.)*
usuel *(a.)*	**usual** *(a.)*
usure *(f.)*	**usura** *(f.)*
usurier *(m.)*	**usurero** *(m.)*
utile *(a.)*	**útil** *(a.)*

valeur

Français	Espagnol
valeur *(f.)*	valía *(f.)* valor *(m.)*
~à terme	valor a plazo
~actuelle	valor actual
~ajoutée	valor añadido
~au porteur	valor al portador
~boursière	valor bursátil
~capitalisée	valor capitalizado
~commerciale	valor comercial
~comptable	valor contable
~comptable	valor en libros
~d´émission	valor de emisión
~d´inventaire	valor de inventario
~de change	valor de cambio
~de l´argent	valor del dinero
~de liquidation	valor de liquidación
~de placement	valor de inversión
~de rachat	valor de rescate
~de reprise	valor de canje
~de taxation	valor de tasación
~d'estimation	valor estimado
~du marché	valor de mercado
~en bourse	valor en bolsa
~en compte	valor en cuenta
~estimative	valor estimativo
~initiale	valor inicial
~moyenne	valor medio
~nette	valor neto
~nominale	valor nominal

~réalisable	valor realizable
~reçue	valor recibido
~réelle	valor real
valeurs *(f. pl.)*	**valores** *(m. pl.)*
~ à rentabilité fixe	valores de renta fija
~ à rentabilité variable	valores de renta variable
~d'état	valores del estado
~en portefeuille	valores en cartera
~étrangères	valores extranjeros
~mobilières	valores mobiliarios
~négociables	valores negociables
~publiques	valores públicos
validation *(f.)*	**bastanteo** *(m.)*
valide *(a.)*	**válido** *(a.)*
valider *(v. tr.)*	**bastantear** *(v. intr.y tr.)*
validité *(f.)*	**validez** *(f.)*
variable *(a.)*	**variable** *(a.)*
variation *(f.)*	**variante** *(f.)*
vendeur *(m.)*	**vendedor** *(m.)*
vendre *(v. tr.)*	**vender** *(v. tr.)*
~bien	vender bien
vente *(f.)*	**venta** *(f.)*
~anticipée	venta anticipada
~au comptant	venta al contado
~ de devises au comptant	~de divisas al contado
~de liquidation	venta por liquidación
~de valeurs	venta de valores
~de valeurs à découvert	~ de valores en descubierto
~ferme	venta en firme
vérification *(f.)*	comprobación *(f.)* verificación *(f.)*
vérification de caisse	**arqueo de caja**
~du prix	verificación del precio

vérifier *(v. tr.)*	**comprobar** *(v. tr.)* **verificar** *(v. tr.)*
versement *(m.)*	**desembolso** *(m.)* **imposición** *(f.)*
~*à terme*	~ *a vencimiento fijo*
~*à vue*	*imposición a la vista*
viager *(a.)*	**vitalicio** *(a.)*
vice-président *(m.)*	**vicepresidente** *(m.)*
ville *(f.)*	**ciudad** *(f.)*
virement *(m.)*	**giro** *(m.)*
~*à vue*	*giro a la vista*
~*bancaire*	*giro bancario*
~*postal*	*giro postal*
~ *sans documents*	*giro sin documentos*
viser *(v. intr.et tr.)*	**visar** *(v. tr.)*
visite *(f.)*	**visita** *(f.)*
vol *(m.)*	**robo** *(m.)*
~*à main armée*	*robo a mano armada*
voler *(v. tr. et v.intr.)*	**robar** *(v. tr.)*
voleur *(m.)*	**ladrón** *(a. y s.)*
volume *(m.)*	**volumen** *(m.)*
~*de crédit*	*volumen crediticio*
~*des ventes*	*volumen de ventas*
votation *(f.)*	**votación** *(f.)*
vote *(m.)*	**voto** *(m.)*
~*à l'unanimité*	*votación unánime*
~*majoritaire*	*voto mayoritario*
voter *(v. intr.et tr.)*	**votar** *(v. intr.)*